Mosaik bei
GOLDMANN

Buch

Streitfreudige Mieter, unterschiedliche Verjährungsfristen, umfassender Kündigungsschutz – all dies kann einem Vermieter das Leben schwer machen.
Dieses Buch hilft Ihnen, sich einen Überblick zu verschaffen über alle relevanten Regelungen des Mietrechts: von Form und Inhalt des Mietvertrags über Miethöhe und -erhöhungen, Nebenkostenabrechnungen und Nachmieterregelungen bis zu Kündigung, Auszug und Reparaturen. Zahlreiche Musterbriefe, Mustervereinbarungen, praktische Tipps und hilfreiche Infos machen dieses Buch zu einem unentbehrlichen Ratgeber für jeden Vermieter.

Autoren

Reinhard Richter ist Rechtsanwalt und Notar. Als Spezialist für Mietrecht vertritt er die Mitglieder des Haus- und Grundeigentümer-Verbandes. Peter-J. Schneider und Achim Pollert sind Diplom-Handelslehrer und haben bereits viele erfolgreiche Sachbücher veröffentlicht.

Reinhard Richter
Peter-J. Schneider
Achim Pollert

Ihr Recht als Vermieter

So gewinnen Sie
mehr Rechtssicherheit

Mosaik bei
GOLDMANN

Die Ratschläge in diesem Buch wurden von den Autoren und vom Verlag sorgfältig erwogen und geprüft, dennoch kann eine Garantie nicht übernommen werden. Eine Haftung der Autoren bzw. des Verlags und seiner Beauftragten für Personen-, Sach- und Vermögensschäden ist ausgeschlossen.

FSC
Mix
Produktgruppe aus vorbildlich bewirtschafteten Wäldern und anderen kontrollierten Herkünften

Zert.-Nr. SGS-COC-1940
www.fsc.org
© 1996 Forest Stewardship Council

Verlagsgruppe Random House FSC-DEU-0100
Das für dieses Buch verwendete FSC-zertifizierte Papier *Munken Print* liefert Arctic Paper Munkedals AB, Schweden.

2. Auflage
Aktualisierte Taschenbuchausgabe Dezember 2005
Wilhelm Goldmann Verlag, München,
in der Verlagsgruppe Random House GmbH

Dort erschienen unter dem gleichnamigen Titel und den Nummern 5513 und 60243.
Umschlaggestaltung: Design Team München
Umschlagfoto: photonica/Veer
Satz: Uhl + Massopust, Aalen
Druck und Bindung: GGP Media GmbH, Pößneck
WR · Herstellung: Han
Printed in Germany
ISBN 10: 3-442-16761-2
ISBN 13: 978-3-442-16761-6

www.goldmann-verlag.de

Inhalt

Einleitung

Immobilien schaffen Sicherheit, machen Sie unabhängig und frei ... Doch Immobilien können Ihnen auch sehr viel Ärger bringen, wenn Sie nicht aufpassen. Ärger mit Ihrem Mieter, Ärger mit dem Mieterverein, der Schlichtungsstelle, dem gegnerischen Anwalt oder gar dem Gericht.

Unser Grundgesetz sieht ausdrücklich den Schutz Ihres Eigentums vor. Der Staat unterstützt ja sogar die Bildung von Wohneigentum. Es steht aber auch im Grundgesetz, dass Eigentum dem Wohle der Allgemeinheit dienen soll. In unserer sozialen Marktwirtschaft genießt der Mieter einen starken rechtlichen Schutz.

Wenn Sie daher keinen eindeutigen Mietvertrag abschließen, kann der Ärger schon vorprogrammiert sein.

Wenn Sie bei der Mieterhöhung, Modernisierung, den Umlagen, der Betriebskostenabrechnung oder der Beendigung des Mietverhältnisses durch Rechtsunsicherheit Fehler machen, können diese Ihnen viel Ärger bereiten und unter Umständen sogar recht teuer werden. »Fehler sind da, um gemacht zu werden... », heißt ein Sprichwort, »...doch nicht von Ihnen«, lautet die Devise des Autorenteams dieses Buches.

- Dieser Ratgeber ist speziell für Vermieter geschrieben.
- Er soll Ihnen die notwendige Rechtssicherheit geben, die Sie vor Entscheidungen brauchen,

- in leicht verständlicher Sprache die juristischen Sachverhalte näher bringen,
- helfen, Fehler bei beginnenden Schwierigkeiten mit Ihrem Mieter zu vermeiden,
- juristische Tipps geben, wie Sie sich im Streitfall verhalten sollen,
- **juristisch einwandfreie Musterbriefe zur Vorlage für eigene Schreiben geben.**

Dieses Buch kann nicht alle Fragen zum Mietrecht beantworten. Dies könnte nur ein dickleibiger Gesetzeskommentar leisten. Unser Mietrecht ist nämlich nicht in einem Gesetz zusammengefasst, sondern in zahlreichen Gesetzen und Verordnungen geregelt. Daneben gibt es noch zahlreiche Entscheidungen der verschiedensten Gerichte – bis hin zum Bundesverfassungsgericht –, die diese Gesetze und Verordnungen erläutern und auslegen und selbst als »Vorschriften« dienen.

Ziel dieses Buches ist es, dem Vermieter zu typischen Situationen einen sachkundigen Rat zu geben und vor allem zu vermeiden, dass aus Unkenntnis schon grundlegende Fehler gemacht worden sind, bevor man sich juristisch beraten lässt.

Dabei haben sich die Verfasser bewusst kurz und knapp gehalten und besonders großen Wert auf Verständlichkeit auch für juristische Laien gelegt. Denn nur dann, wenn die Darstellung auch eindeutig verstanden wird, kann sie eine juristische Hilfe sein.

Sofern Sie als Vermieter rechtliche Fragen haben, die den Rahmen dieses Buches sprengen, raten wir Ihnen, die fachkundige Hilfe eines »Vermieter«-Anwaltes (die zuständige Rechtsanwaltskammer nennt Ihnen Spezialisten) in Anspruch zu nehmen. Die Mitgliedschaft in einem örtlichen Haus- und Grundeigentümerverein kann von Nutzen sein. Die Adressen entnehmen Sie bitte dem Anhang.

Besonders bevor Sie einen Mietvertrag abschließen, sollten Sie dieses Buch gelesen haben.

Sie sollen rechtlich einwandfrei entscheiden, basierend auf einem verständlichen rechtlichen Wegweiser. Hierfür garantiert gerade die Zusammensetzung dieses Autorenteams: Rechtsanwalt Reinhard Richter ist im Vorstand des Haus- und Grundeigentümerverbandes Kassel. Er ist Anwalt mit dem Schwerpunkt »Mietrecht auf Vermieterseite«. Er kennt alle juristischen Tipps und Tricks. Achim Pollert und Peter- J. Schneider garantieren als Wirtschaftspädagogen und Fachbuchautoren für die allgemeine Verständlichkeit der juristischen Darstellung.

Die Autoren wünschen Ihnen möglichst keinen Ärger mit Ihrer Immobilie und den Mietern.

Der Abschluss eines Mietvertrages

Mündlicher oder schriftlicher Mietvertrag?

Um einen Mietvertrag abzuschließen, brauchen Sie – rein rechtlich – nichts weiter zu tun, als mit dem Mieter mündlich zu vereinbaren, dass Sie ihm eine bestimmte Wohnung zu einem festgelegten Mietzins (Miete) vermieten und ihrem neuen Mieter dann die Schlüssel für die Wohnung zu übergeben. Damit ist ein Mietvertrag wirksam zustande gekommen. Für dieses Mietverhältnis gelten die gesetzlichen Regelungen des Bürgerlichen Gesetzbuches (BGB).

Allerdings ergeben sich mit einem derartigen Mietvertrag erst die Probleme. Denn die gesetzlichen Regelungen sind für Vermieter – auch nach der Mietrechtsreform – nachteilig. Nach dem BGB hat

- der Vermieter alle Betriebskosten (Lasten) zu tragen
- der Vermieter keinen Anspruch darauf, dass der Mieter neben der Miete die Betriebskosten, Schornsteinfeger, Müllabfuhr, Grundsteuer, Versicherungen u.a. trägt.
- der Vermieter die Kosten für die Schönheitsreparaturen am Mietobjekt weiter zutragen; hierzu ist in § 538 BGB geregelt, dass der Mieter Veränderungen und Verschlechterungen der Mietsache, die durch vertragsgemäßen Gebrauch herbeigeführt werden, nicht zu vertreten hat.

Ein einmal geschlossener Mietvertrag ist für die ganze Dauer des Mietverhältnisses, teilweise also über 10 oder gar 20 Jahre hinaus, wirksam!

Dies muss man sich vor Augen halten, alle daraus folgenden Konsequenzen kalkulieren und daher schon bei Abschluss des Vertrages sorgfältig überlegen und den richtigen Vertrag mit den richtigen Klauseln anwenden.

Stellt sich nach Abschluss des Mietvertrages heraus, dass Sie als Vermieter einen ungünstigen Mietvertrag geschlossen haben, so gibt es für Sie keine Möglichkeit, nur wegen der ungünstigen Klauseln das Mietverhältnis mit dem Mieter zu beenden oder einen neuen schriftlichen Vertrag mit günstigeren Bedingungen zu schließen.

▶ INFO

Ein Mieter ist *nicht* verpflichtet, einem Änderungswunsch eines Vermieters zum bereits abgeschlossenen Mietvertrag zuzustimmen.
Ausnahme: Eine gerechtfertigte Mieterhöhung.
Aus Beweisgründen sollten Sie daher auf mündliche Mietverträge verzichten!

Es ist daher für den Vermieter wichtig, mit dem Mieter einen schriftlichen Mietvertrag abzuschließen, denn mit diesem kann der Vermieter die mit dem Mieter getroffenen Vereinbarungen beweisen. Streit über den Inhalt eines Mietvertrags gibt es dann nicht.

Außerdem müssen Verträge über Wohnraum mit einer längeren Laufzeit als ein Jahr schriftlich abgeschlossen werden (§ 550 BGB).

Wird die Schriftform in diesem Fall nicht beachtet, so gilt der Vertrag als für unbestimmte Zeit geschlossen. Allerdings kann im Hinblick auf die gesetzlichen Regelungen zum Zeitmietvertrag (siehe S.30) das Kündigungsrecht eines Mieters nicht ohne weiteres beschränkt werden.

▶ BEISPIEL

Am 01.01.2006 übergeben Sie Ihrem neuen Mieter, mit dem Sie mündlich einen beiderseitigen Verzicht auf die Kündigung für 4 Jahren vereinbart haben, die Schlüssel für die Wohnung. Dies bedeutet, dass das Mietverhältnis mindestens bis zum 31.12.2009 dauern soll.
Schriftlich wird dies *nicht* vereinbart.
Am 30.04.2007 kündigt Ihr Mieter fristgerecht zum 31.07.2007. Sie berufen sich aber darauf, dass vor dem 31.12.2009 das Mietverhältnis nicht endet.
Weil der Mietvertrag aber nicht schriftlich abgefasst wurde, ist die Kündigung dennoch rechtmäßig.

Achtung: Vorverträge

Mehrere Mietinteressenten haben Ihre Wohnung besichtigt. Da Ihnen einer zusagt, möchten Sie bis zum Abschluss des schriftlichen Mietvertrages eine Sicherheit haben, dass der Mieter die Wohnung auch nimmt, bevor Sie den anderen Interessenten absagen. Sie denken an einen Vorvertrag.

▶ TIPP

Sie sollten zu einer Wohnungsbesichtigung mit dem Mietinteressenten schon den vollständig formulierten Mietvertrag mitnehmen, in dem dann nach Ende der Besichtigung nur noch der Name des Mieters einzusetzen ist und dann der Mieter unterzeichnet.

Vor diesen schriftlichen Vorverträgen kann aber nur gewarnt werden!

Ist ein derartiger Vorvertrag abgeschlossen, ohne dass der gesamte Inhalt schon formuliert ist, kann der Vermieter nicht verlangen, dass vom BGB abweichende Regelungen in dem endgültigen Mietvertrag vereinbart werden. Der Mieter kann sich bereits aufgrund des schriftlichen »Vorvertrages« auf die Vorschriften des BGB berufen, der Vermieter hat dann keinen Anspruch auf die Unterzeichnung anderer Vertragsbedingungen, die für ihn günstiger sind.

▶ TIPP

Zu Ihrer Sicherheit: Nehmen Sie ein Protokoll auf.
Wichtig ist dann nach Vertragsschluss auch, dass der Vermieter dem Mieter die Mietsache übergibt. Vielfach wird die Wohnungsübergabe – sei es mit Zustimmung oder ohne Zustimmung des Vermieters – von Mieter zu Mieter durchgeführt, und später gibt es Streit über den Zustand der Wohnung. Der Vermieter muss dem Mieter die Wohnung einschließlich der Schlüssel selbst übergeben, und er sollte dazu ein entsprechendes Protokoll fertigen.

Übergabe der Wohnung nach Abschluss eines Mietvertrages

Zur Vermeidung von späteren Streitigkeiten sollte man die Übergabe der Wohnung an den Mieter auch sorgfältig vorbereiten.

Ratsam ist es, Zusagen zur Durchführung von Instandsetzungs – oder Reparaturmaßnahmen in den Mietvertrag und auch in das Protokoll aufzunehmen. Keinesfalls sollte dies lediglich mündlich vereinbart werden.

Wenn dem Mieter eine Mietwohnung mit Einrichtungsgegenständen übergeben wird, dann sollten die entsprechenden Gegenstände auch im Übergabeprotokoll aufgeführt worden sein.

Dies gilt auch insbesondere für einen vom Vermieter in der Wohnung verlegten Teppichboden.

Das Muster auf Seite 18 zeigt, wie ein Protokoll für die Übergabe einer Mietsache aussehen könnte.

Form und Inhalt des Mietvertrages

Für die Form und Gestaltung eines schriftlichen Mietvertrages gibt es keine gesetzliche Regelung. Jedem Vermieter ist es daher grundsätzlich freigestellt, die Bedingungen zu dem schriftlichen Mietvertrag zu formulieren.

Den Laien kann man jedoch nur davor warnen, nach eigenem Gutdünken zu versuchen, den schriftlichen Mietvertrag selbst zu formulieren.

Als Laie wird man nicht an alle maßgeblichen Klauseln den-

▶ FORMULAR

Übergabeprotokoll

Die aufgrund des Mietvertrages vom ›Datum des Mietvertrags‹ vermietete Wohnung ›Ort, Straße, Stock, Nummer etc.‹ ist am ›Datum der Übergabe‹ übergeben worden.

Anwesend: der Vermieter/für den Vermieter .... [1]
der Mieter ....

Folgende Schlüssel wurden übergeben
Hausschlüssel, ... Wohnungsschlüssel, ...
Briefkastenschlüssel, ...
Kellerschlüssel, weitere ....
Die Wohnung wurde eingehend besichtigt.

Die Wohnung wurde mangelfrei übergeben.[1]

Folgende Mängel wurden festgestellt: [1] ....
....
....

....
(Ort, Datum)

....
Vermieter Mieter

1) Nichtzutreffendes streichen

ken, und es wird Lücken in dem Mietvertrag geben. Darüber hinaus kann es zu Widersprüchen zwischen einzelnen Bestimmungen kommen, auch diese sind wiederum für den Vermieter nachteilig.

> ▶ TIPP
>
> Zahlreiche Haus- und Grundeigentümerverbände (Adressen siehe S. 212) haben Formularmietverträge entworfen und verkaufen diese auch für einen geringen Betrag. Diese werden von Zeit zu Zeit aktualisiert und dem Stand der Rechtsprechung angepasst. Sie sollten am besten auf einen solchen Mietvertrag zurückgreifen. Aktuelle Musterverträge sind auch im Internet erhältlich, z. B. www.hugform24.de

Wir raten Ihnen daher, auf einen Formularmietvertrag zurückzugreifen.

Doch Achtung: Im Schreibwarenhandel und auf Disketten ist eine Vielzahl von Formularmietverträgen erhältlich. Gerade vor diesen muss gewarnt werden, da diese Mietverträge zahlreiche Lücken enthalten und Klauseln, die schon vor Jahren von Gerichten für unwirksam erklärt wurden. Offensichtlich sind einige dieser Mietvertragsformulare nie an die neueste Rechtsprechung zu schriftlichen Vereinbarungen angepasst worden.

Besonders gefährlich sind die Mietvertragsformulare, die im Durchschreibeverfahren ausgefüllt werden. Teilweise befinden sich wesentliche Regelungen auf der Rückseite der Vordrucke, die meistens nicht gelesen werden und für Ärger mit dem Mieter sorgen können.

- Bei den im Handel erhältlichen Vordrucken und Disketten ist im Wesentlichen auch zu beanstanden, dass die Regelung

über die vom Mieter zu tragenden Betriebskosten außerordentlich lückenhaft ist.
- Der vom Bundesministerium der Justiz früher einmal herausgegebene Mustermietvertrag hat sich nicht durchgesetzt.

> **TIPP**
>
> Zu warnen ist ausdrücklich vor den Mietvertragsformularen, die der Mieter über den Deutschen Mieterbund vorlegt.

Eine weitere Warnung vor irgendwelchen Formularmietverträgen muss aus folgendem Grund ausgesprochen werden: Zahlreiche Formularmietverträge enthalten Klauseln, die *mehrere* Antwortmöglichkeiten bieten. Sie müssen sich für eine entscheiden.

> **BEISPIEL**
>
> Im Mietvertrag ist folgende Klausel enthalten:
> »Schönheitsreparaturen trägt der Vermieter [ ]
der Mieter [ ]«
> Wird in diesem Fall kein Kreuz an irgendeiner Stelle angebracht, so gilt die gesetzliche Regelung, dass der Vermieter die Kosten für die Schönheitsreparaturen tragen muss.

Zusatzvereinbarung

Zahlreiche Formularmietverträge bieten den Parteien die Möglichkeit, noch gesonderte Vereinbarungen zu treffen.

Wenn man diese Sondervereinbarungen mit dem Mieter trifft, muss man natürlich darauf achten, dass die handschriftlichen Zusatzvereinbarungen nicht im Widerspruch zu dem bereits vorformulierten gedruckten Text stehen.

▶ TIPP

Eine Unklarheit zwischen vorformulierten Texten und handschriftlichen Inhalten geht immer zu Lasten dessen, der den Formularmietvertrag vorgelegt hat. Dies ist in der Regel der Vermieter. Für den Mieter gilt dann immer die günstigste Regelung.

Der Inhalt eines rechtlich abgesicherten Mietvertrages

Die Vertragsparteien

Im Kopf des Mietvertrages sind alle Namen der Vertragschließenden aufzunehmen, sowohl auf Vermieterseite als auch auf Mieterseite.

▶ TIPP

Achten Sie auf Vollständigkeit und Richtigkeit:
Es ist besonders wichtig, die Namen und Vornamen von Vermieter und Mieter vollständig und richtig aufzuführen, damit bei einer späteren Kündigung oder Mieterhöhung Fehler vermieden werden.

Mietvertrag für Wohnräume

Zwischen .... Vermieter

....

(Anschrift)

....

(Bevollmächtigter)

und

....

(Vor- und Zuname, Geburtsdatum, Anschrift)

.... Mieter

Bei einer Grundstücksgemeinschaft – sei es Ehepaar, Erbengemeinschaft oder sonstige Eigentümergemeinschaften – müssen in jedem Fall die Namen sämtlicher Mitglieder der Gemeinschaft aufgeführt werden und auch der Vertreter der Erbengemeinschaft genannt sein, wenn ein solcher existiert.

Wenn die Zeilen falsch oder unvollständig ausgefüllt sind, besteht die Gefahr, dass dies allein aus formalen Gründen später zur Abweisung einer Räumungsklage oder einer Klage auf Zustimmung zur Mieterhöhung führen kann. Fehler zu Beginn können später sehr teuer werden!

Ein Ehepartner ist Alleineigentümer

Zulässig, aber völlig falsch ist es, z. B. den Ehemann als Vermieter allein im Kopf anzugeben, wenn das Haus tatsächlich im Alleineigentum der Ehefrau steht.

In diesem Fall sollte klargestellt werden, dass der Ehemann dann lediglich in Vollmacht seiner Ehefrau auftritt. Entsprechend sollte im Mietvertrag dann formuliert werden, »Vermieter: Frau... (Vor- u. Nachname), vertreten durch Herrn... (Vor- u. Nachname)«.

Sehr hilfreich kann es sein, wenn man das Geburtsdatum oder den Beruf eines Mieters notiert.

Zieht z. B. ein Mieter in einer Nacht- und Nebelaktion aus und verschwindet, ohne die Anschrift zu hinterlassen, dann kann es bei häufig vorkommenden Namen hilfreich sein, das Geburtsdatum zu kennen, damit man eine entsprechende Auskunft vom Einwohnermeldeamt erhält. Auch ein Geburtsname eines Mieters ist im Mietvertrag sinnvoll.

Die Wohngemeinschaft als Mieter – ein besonderes Problem?

Ein immer wiederkehrender Streit zwischen Vermieter und Mieter betrifft die Vermietung der Wohnung an eine Wohngemeinschaft.

Mit dem Begriff »Wohngemeinschaft« ist nichts anderes als eine Mehrheit von Personen gemeint, die gemeinsam eine Wohnung anmietet und damit eine »Gesellschaft bürgerlichen Rechts« darstellt. Sinn und Zweck dieser Gesellschaft bürgerlichen Rechts ist es, die hohen Mietkosten auf eine größere

Anzahl von Personen zu verteilen, damit für die einzelne Person die monatliche Mietzinsbelastung so gering wie möglich ist.

Eine Wohngemeinschaft ist in den seltensten Fällen auf Dauer angelegt. Je größer sie ist, desto häufiger ist der Wechsel der Mietparteien innerhalb der Gemeinschaft. Oftmals erfährt ein Vermieter, der nicht in dem Haus wohnt, in dem sich die vermietete Wohnung befindet, erst nach langer Zeit, dass ein Wechsel innerhalb der Wohngemeinschaft stattgefunden hat.

Da der Austausch von Personen auf Seiten der Mieter der Genehmigung des Vermieters bedarf, ergeben sich dann daraus auch die Probleme.

Die ersten Mitglieder der Wohngemeinschaft, die eine Wohnung unmittelbar angemietet haben, hat der Vermieter noch persönlich kennen gelernt. Die später eingetretenen Personen kennt er dann meist nicht mehr.

Ob die Mitglieder einer Wohngemeinschaft einen Anspruch gegen den Vermieter haben, dass dieser einer Auswechslung der Mietvertragsparteien zustimmt, richtet sich nach den Umständen des Einzelfalles:

- Hat der Vermieter einer Wohngemeinschaft den Wechsel von Mitgliedern der Wohngemeinschaft mehrfach zugestimmt oder den Wechsel mehrfach stillschweigend geduldet, so folgert die Rechtsprechung daraus, dass ein Vermieter bei einem weiteren Wechsel dann nicht plötzlich die Zustimmung zur Auswechslung der Mietvertragsparteien verweigern kann.
- Bei Vermietung an eine Wohngemeinschaft muss daher von

vornherein durch eine entsprechende Formulierung klargestellt werden, dass bei einem Ausscheiden der einzelnen Mitglieder diese nicht auch automatisch aus dem Mietverhältnis ausscheiden.

- Gleichzeitig muss ausdrücklich geregelt werden, dass ein ausscheidendes Mitglied der Wohngemeinschaft keinen Anspruch gegen den Vermieter hat, dass dieser automatisch einen Ersatzmieter in den Mietvertrag aufnimmt.
- Weiterhin muss vereinbart werden, dass die Mieter aus der Zustimmung zur Auswechslung eines Mitglieds der Wohngemeinschaft keinen Anspruch herleiten können, dass der Vermieter automatisch auch zukünftig der Auswechslung weiterer Mieter zustimmt.

Aber Vorsicht! Auch bei einer entsprechenden schriftlichen Vereinbarung haben die Mitglieder der Wohngemeinschaft dennoch den Anspruch gegen den Vermieter auf Zustimmung zur Auswechslung eines Mitgliedes der Wohngemeinschaft, wenn der Vermieter mehrfach die Zustimmung erteilt oder die Auswechslung geduldet hat.

▶ TIPP

Die Probleme, die sich bei einer Vermietung an eine Wohngemeinschaft ergeben können, kann man dadurch abmildern, dass man ein Mitglied der Wohngemeinschaft als Hauptmieter auswählt, mit diesem den Mietvertrag abschließt und mit dem Hauptmieter im Mietvertrag vereinbart, dass dieser an einzelne, bestimmte, mit Namen bezeichnete Personen untervermieten darf.

Daneben müssen der oder die Untermieter dem Vermieter gegenüber eine schriftliche Bürgschaftserklärung abgeben, dass sie für die gesamte Miete einschließlich der Nebenkosten selbstschuldnerisch haften, so dass kein Mietausfall eintreten kann (maximal dreifache Monatsmiete, siehe S. 63 ff.).

Weiterhin muss in dem Mietvertrag mit dem Hauptmieter schriftlich vereinbart werden, dass aus dem Recht, einer bestimmten, namentlich benannten Person die Wohnung unterzuvermieten, kein Recht zur weiteren Untervermietung hergeleitet werden kann, wenn einer der namentlich benannten Untermieter auszieht.

Unterschriften beim Mietvertrag

Wenn der Kopf des Mietvertrages richtig und vollständig ausgefüllt ist, dann muss man darauf achten, dass der Mietvertrag auch von allen Mietern und Vermietern eindeutig unterschrieben wurde.

.... den .... 20. .
(Ort)

Vermieter	**Mieter**
....	....
....	
....	

Die besten Formulierungen in Mietverträgen nützen jedoch nichts, wenn der Mietvertrag gar nicht oder nicht von allen Beteiligten unterzeichnet wurde.

Zu beachten ist bei den Unterschriften unter dem Mietvertrag, dass

- **alle** am Mietvertrag beteiligten Personen den Mietvertrag unterzeichnen,
- Unterschriften auch am Ende unter **allen** vereinbarten Vertragsbedingungen stehen,
- Vertragsbedingungen, die nach der Unterschrift aufgeführt wurden, nicht Bestandteile des Mietvertrages sind.

Wer muss bei minderjährigen Mietern unterschreiben?

Mit dem 18. Geburtstag wird man volljährig. Aber auch Minderjährige mieten Wohnungen, insbesondere Ein-Zimmer-Appartements. Äußerlich sieht man diesen Personen häufig nicht an, dass sie minderjährig sind.

▶ TIPP

Lassen Sie sich in jedem Fall den Personalausweis des oder der Mieter zeigen. Notieren Sie sich die Nummer, Ausstellungsdatum und -ort, und kontrollieren Sie, ob das angegebene Alter und der Name der neuen Mieter stimmen.

Der unterschriebene Mietvertrag eines beschränkt Geschäftsfähigen (bis 18 Jahre) ist schwebend unwirksam. Er wird erst gültig, wenn die Erziehungsberechtigten ihre Genehmigung erteilen. Geschieht dies nicht, ist der Vertrag ungültig.

> ▶ TIPP
>
> Verlangen Sie daher bei Minderjährigen grundsätzlich die schriftliche Zustimmung des Erziehungsberechtigten, oder lassen Sie diesen am besten den Mietvertrag selbst unterschreiben.

Die Wahl der richtigen Mietzeit

Durch das Mietrechtsreformgesetz kommt es an diesem Punkt zu erheblichen Änderungen.

In der Vergangenheit enthielten die Formularmietverträge zur Dauer des Mietverhältnisses verschiedene Varianten und ermöglichten u. a. auch das Eingehen des Mietverhältnisses auf eine bestimmte Zeit sowie eine bestimmte Zeit mit Verlängerungsklausel.

Diese Möglichkeiten sind durch das Mietrechtsreformgesetz eingeschränkt worden. Es gibt folgende Möglichkeiten, ein Mietverhältnis einzugehen

- auf unbestimmte Zeit oder
- auf bestimmte Zeit bei Vorliegen eines Befristungsgrundes, oder
- beide Parteien verzichten bis zu einem bestimmten Zeitpunkt auf eine ordentliche Kündigung des Mietverhältnisses (Vereinbarung einer Kündigungsausschlussklausel)

Der – zeitweise – Verzicht beider Vertragsparteien auf Ihr gesetzliches Kündigungsrecht stellt nach der Rechtsprechung (BGH

NZM 2004, Seite 216) keinen Verstoß gegen das Gesetz dar. Die Frist darf maximal 4 Jahre betragen.

Mietvertrag auf unbestimmte Zeit

Wenn das Mietverhältnis zwischen den Parteien auf unbestimmte Zeit abgeschlossen ist, kann es von den Parteien jederzeit mit den eventuell im Mietvertrag vereinbarten oder aber den gesetzlichen Kündigungsfristen beendet werden (siehe Kapitel *Kündigung*, Seite 107).

Mietzeit

1.

Das Mietverhältnis beginnt am .....

2.

Beide Parteien verzichten bis zum .... auf eine ordentliche Kündigung des Mietverhältnisses.

oder

3.

Für qualifizierte Zeitmietverträge nach § 575 BGB gilt eine gesonderte Vereinbarung: Das Mietverhältnis wird auf bestimmte Zeit eingegangen, da der Vermieter nach Ablauf der Mietzeit die Räume ....

....

....

(hier Gründe für die Befristung eingehend erläutern).

> ▶ TIPP
>
> Da das Gesetz den Mieter schützt und der Vermieter das Mietverhältnis nur aus berechtigtem Interesse gemäß § 573 BGB kündigen kann – vorausgesetzt der Mieter verhält sich immer vertragstreu –, schließen Sie den Mietvertrag auf unbestimmte Zeit ab bzw. verzichten Sie und der Mieter für eine bestimmte Zeit auf die ordentliche Kündigung des Mietverhältnisses. Wenn die Voraussetzungen für einen Zeitmietvertrag nicht vorliegen, wird es Ihnen nicht weiterhelfen, einen Mietvertrag auf bestimmte Zeit zu vereinbaren.

Zeitmietvertrag

Der Zeitmietvertrag ist in § 575 BGB geregelt.

Danach ist es unzulässig, einen Mietvertrag auf bestimmte Zeit abzuschließen, ohne dass zugleich ein Grund für die Befristung schriftlich mitgeteilt wird. Dies ergibt sich aus § 575 Abs. 1 Satz 2 BGB, wonach bei einem Verstoß gegen diese Regelung das Mietverhältnis auf **unbestimmte Zeit** abgeschlossen gilt.

Ein Mietverhältnis kann auf bestimmte Zeit eingegangen werden, wenn der Vermieter bestimmte Bedingungen erfüllt.

In der Wahl der Mietzeit ist der Vermieter jedoch frei, eine Mindestdauer oder Höchstdauer für den Zeitmietvertrag gibt es nicht.

Gründe für die Befristung

Diese sind gegeben, wenn der Vermieter nach Ablauf der Mietzeit

1. die Räume als Wohnung für sich, seine Familienangehörigen oder Angehörige seines Haushalts nutzen will; oder
2. in zulässiger Weise die Räume beseitigen oder so wesentlich verändern oder instand setzen will, dass die Maßnahmen durch eine Fortsetzung des Mietverhältnis erheblich erschwert werden würden; oder
3. die Räume an einen zur Dienstleistung Verpflichteten vermieten will.

Diese Befristungsgründe entsprechen im Wesentlichen den bisherigen Befristungsgründen, so dass die hierzu ergangene Rechtssprechung weiterhin Anwendung findet.

Bei Ziffer 1. muss man berücksichtigen, dass ein »Angehöriger seines Haushalts« auch ein gleichgeschlechtlicher Lebenspartner sein kann. Es ist zu beachten, dass seit dem 01.08.2001 das Lebenspartnerschaftsgesetz (LPartG) auch im Mietrecht gilt.

Zu Ziffer 2: Nur *wesentliche Instandsetzungsmaßnahmen* stellen einen Befristungsgrund dar. Die Modernisierung oder der Umbau eines Badezimmers dürfte daher kein Grund für den Abschluss eines Zeitmietvertrages sein.

Wichtig und wesentlich ist, dass der Vermieter »dem Mieter den Grund für die Befristung bei Vertragsschluss schriftlich mitteilen muss.« Damit hierüber kein Streit entsteht, ob der Vermieter diesen Grund schriftlich mitgeteilt hat, ist es notwendig, dass der *Grund* der *Befristung* bereits im Mietvertrag genannt wird. Der Grund muss schlagwortartig angegeben werden. Es ist nicht ausreichend, wenn z. B. bei dem Befristungsgrund des

§ 575 Abs. 1 Nr. 2 BGB (wesentliche Veränderung und Instandsetzung) lediglich »Umbau« angegeben wird. Dies ist zu ungenau. Hier muss der Vermieter in Zukunft sorgfältig den Mietvertrag ausfüllen und mehr als in der Vergangenheit vorher Rechtsrat bei Abschluss des Zeitmietvertrages einholen. Dies hängt mit den Folgen zusammen, die der Gesetzgeber an einen Verstoß gegen die Mitteilungspflicht des Grundes der Verpflichtung knüpft.

Kommt das Gericht nämlich zum Ergebnis, dass der Grund der Befristung nicht ausreichend schriftlich mitgeteilt wurde, dann gilt das Mietverhältnis auf unbestimmte Zeit abgeschlossen, der Vermieter muss eine ordentliche Kündigung aussprechen, dies kann er aber nur bei einem *berechtigten Interesse* (S. 139f.).

Es ist aber nicht ausreichend, den Grund der Befristung bei Vertragsabschluss schriftlich mitzuteilen. Gemäß § 575 Abs. 2 kann der Mieter vom Vermieter frühestens vier Monate vor Ablauf der Befristung verlangen, dass dieser binnen eines Monats mitteilt, ob der Befristungsgrund noch besteht. Dies hört sich zunächst für den Vermieter gut an, denn es scheint so, als ob der Mieter tätig werden muss, während der Vermieter sich auf jeden Fall auf die Befristung berufen kann.

Dies ist ein Trugschluss. Auf eine Anfrage des Mieters ist der Vermieter verpflichtet, binnen eines Monats zu antworten. Antwortet der Vermieter später, so kann der Mieter eine entsprechende Verlängerung des Mietverhältnisses verlangen und zwar um den Zeitraum, um den sich die Antwort des Vermieters verspätet.

Äußert sich der Vermieter bis zum Mietende gar nicht, kann der Mieter wohnen bleiben!

Es gilt dann die allgemeine Regelung des § 545 BGB, das Mietverhältnis verlängert sich auf unbestimmte Zeit.

In § 575 Abs. 3 BGB ist weiterhin geregelt, dass bei einem späteren Eintritt des im Mietvertrag angegebenen Grundes für die Befristung der Mieter eine entsprechende Verlängerung des Mietverhältnisses um den entsprechenden Zeitraum verlangen kann.

Entfällt der Grund für die Befristung gar ganz, so kann der Mieter eine Verlängerung des Mietverhältnisses auf unbestimmte Zeit verlangen. Das Gesetz regelt darüber hinaus ganz eindeutig, dass der Vermieter verpflichtet ist, die Voraussetzung für den Eintritt des Befristungsgrundes und die Dauer der Verzögerung zu beweisen. Gelingt ihm dies nicht, so trägt er die Beweislast, und das Mietverhältnis endet nicht aufgrund des Zeitablaufes.

§ 575 Abs. 4 BGB regelt, dass jede zum Nachteil des Mieters abweichende Vereinbarung unwirksam ist (Ausnahme: befristeter Verzicht auf die ordentliche Kündigung, S. 28). Das bedeutet, dass ein Zeitmietvertrag, in dem kein Grund für die Befristung angegeben ist, unwirksam ist und *nicht* zu einer Beendigung des Mietverhältnisses nach Zeitablauf führt.

Bei dem Zeitmietvertrag gemäß § 575 BGB kann der Mieter kein Widerspruchsrecht gemäß § 574 BGB (Fortsetzungsanspruch und Berufung auf die Sozialklausel) geltend machen (siehe dazu Widerspruchsrecht des Mieters – S. 144 ff.). Dies folgt aus dem Wortlaut des § 574 BGB, der nur auf eine Kündigung anzuwenden ist.

▶ TIPP

Beide Hinweise des Vermieters – bei Beginn des Mietverhältnisses im Mietvertrag und später vor Ablauf der Mietzeit – müssen schriftlich erfüllt werden. Die Erklärung des Vermieters muss dem Mieter tatsächlich und nachweislich zugehen.

Beschreibung des Mietobjektes im Mietvertrag

Wichtig ist es auch, den Gegenstand des Vertrages im Mietvertrag so genau wie möglich zu bezeichnen.

§1 Mietsache

Haus .... Str. Nr. ....

Vorderhaus – Hinterhaus- Seitengebäude – ....

Geschoss .... zu Wohnzwecken: .... Zimmer,

.... Küche, ... Diele(Flur) .... Bad/Duschraum,

.... Mansarde, ... Keller, ... Bodenraum,

....

.... qm Garten.

Selbstverständlich ist dies zuerst einmal die Anzahl der Zimmer in der Wohnung. Besonders wichtig ist es auch, dass Sie die Anzahl der Nebenräume, die außerhalb der Wohnung liegen und vom Mieter allein benutzt oder mitbenutzt werden dürfen, im Einzelnen aufführen. So ist die Anzahl der vermieteten Keller zu bezeichnen. Wenn eine Garage oder ein Abstellplatz für Kraftfahrzeuge mitvermietet ist, ist dies ausdrücklich zu erklären. Wenn neben der Nettomiete für die Wohnung noch eine Nettomiete für die Nutzung der Garage oder eines Abstellplatzes für Kraftfahrzeuge gezahlt werden soll, muss dies auch ausdrücklich im Mietvertrag vereinbart sein.

Wenn dem Mieter die Nutzung des Gartens erlaubt werden soll, muss dies ebenfalls ausdrücklich in dem Mietvertrag vereinbart werden.

► TIPP

Im Zweifel gilt der Garten eines Ein-, nicht aber der eines Mehrfamilienhauses als mitvermietet. Dennoch ist gegebenenfalls der Vermerk »ohne Gartenbenutzung« nützlich.

Soweit Nebenräume oder Garagen mitvermietet werden, unterliegen diese dem mietrechtlichen Bestandschutz. Sie bilden also mit der Wohnung rechtlich eine Einheit. Das bedeutet, dass eine Teilkündigung der Nutzung von Nebenräumen grundsätzlich unzulässig ist. Dies gilt für die spätere Vermietung einer Garage, auch für einen separaten Garagenmietvertrag, wenn nicht in diesem ein schriftlicher Hinweis enthalten ist, dass er unabhängig vom Wohnungsmietvertrag geschlossen wird und auch unabhängig von ihm gekündigt werden kann.

> **▶ INFO**
>
> Auch die mündliche Zusage, dass ein Mieter eine Garage oder einen Abstellplatz mitbenutzen kann, ist wirksam. Aus der einmaligen Zusage zur Nutzung kann der Mieter für die Zukunft seine Rechte einfordern. Allerdings ist eine Teilkündigung von Nebenräumen möglich, wenn der Vermieter nicht zum Wohnen bestimmte Nebenräume (z. B. Dachboden) oder Teile eines Grundstücks (z. B. Garten) dazu verwenden will, neuen Wohnraum für die Vermietung zu schaffen (§ 573 c Abs. 1 BGB). Wird diese Kündigung ausgesprochen, dann kann der Mieter eine angemessene Senkung des Mietzinses verlangen.

Die *Trennung* zwischen Wohnungsmietvertrag und Garagenmietvertrag ist auf jeden Fall zu empfehlen, da ansonsten später Probleme bei einer Mieterhöhung entstehen könnten. Die Probleme können sich zum einen daraus ergeben, dass geeignete Vergleichswohnungen nicht gefunden werden können, und zum anderen daraus, dass der Mietwert der Garage zunächst aus der Nettomiete herausgerechnet werden muss, bevor dann die Mieterhöhung für die Wohnung berechnet wird.

Mitvermietet ohne ausdrückliche Vereinbarung sind: Grundstücks- und Hauszugänge, Treppenhaus, Aufzug sowie die zum gemeinschaftlichen Gebrauch der Mieter dienenden Räume wie Wasch- und Trockenraum sowie Fahrradkeller.

Im Rahmen des Mietvertrages hat der Mieter im Übrigen einen Anspruch auf vertragsgemäßen Mietgebrauch, und wenn der Platz im Treppenhaus ausreicht, so kann der Mieter dort sogar den Kinderwagen oder Rollstühle abstellen.

Miete und Betriebskosten – auf den Vertragsinhalt kommt es an

Selbstverständlich werden Sie die Höhe der Nettomiete im Mietvertrag schriftlich festhalten. Nicht selbstverständlich ist aber eine ausreichende Regelung im Mietvertrag hinsichtlich der Umlage der *Betriebskosten* (im Volksmund auch Nebenkosten genannt). Hier hat die Mietrechtsreform keine Verbesserung für den Vermieter gebracht, denn es bleibt auch weiterhin den Vertragsparteien überlassen, ob sie vereinbaren, dass der Mieter die Betriebskosten zusätzlich zur Miete zahlen soll.

Es ist daher für den Vermieter in Zukunft weiterhin wichtig, im Mietvertrag zu vereinbaren, dass der Mieter die Betriebskosten *zusätzlich* zur Miete zu zahlen hat, und im Mietvertrag hinsichtlich der Betriebskosten eine eindeutige Regelung zu treffen.

Zusätzlich sollte auch vereinbart werden: »Die Betriebskosten sind zugleich mit dem Mietzins zu zahlen.« Zwar ist in § 556 b BGB geregelt, dass die Miete bis spätestens zum dritten Werk-

> ▶ GESETZ
>
> § 556 BGB:
> »Die Vertragsparteien können vereinbaren, dass der Mieter Betriebskosten im Sinn des § 19 Abs. 2 des Wohnraumförderungsgesetzes trägt.«
> Diese Regelung verweist auf die Betriebskostenverordnung BetrKV, die der früher geltenden Anlage 3 zu § 27 II. Berechnungsverordnung entspricht.

tag eines Monats im Voraus zu entrichten ist, wenn eine Monatsmiete vereinbarte wurde, diese Regelung gilt aber nicht für die Betriebskostenvorauszahlung, daher muss deren Fälligkeit gesondert geregelt werden.

Was Betriebskosten sind, definiert das Gesetz so: »**Betriebskosten** sind die Kosten, die dem Eigentümer durch das Eigentum am Grundstück oder dem bestimmungsgemäßen Gebrauch des Gebäudes, der Nebengebäude, Anlagen, Einrichtungen und des Grundstücks laufend entstehen« (§ 1 Betriebskostenverordnung, BetrKV).

Im Einzelnen sind dies die Kosten für Grundsteuer, Wasser, Entwässerung, Heiz- und Warmwasserkosten, Aufzug, Straßenreinigung und Müllabfuhr, Hausreinigung und Ungezieferbekämpfung, Gartenpflege, Beleuchtung, Schornsteinreinigung, Sach- und Haftpflichtversicherungen, Hausmeister, Gemeinschaftsantenne oder Kabelanschluss, maschinelle Wascheinrichtungen sowie sonstige Betriebskosten, wie etwa Wartung der Feuerlöscher.

▶ TIPP

Benennen Sie trotz der günstigen Rechtsprechung die einzelnen Betriebskosten, vereinbaren Sie aber hierfür eine monatliche Vorauszahlung, und nennen Sie die Fälligkeit der Betriebskostenvorauszahlung im Mietvertrag. Viele Amtsgerichte sprachen die Betriebskosten dem Vermieter nur zu, wenn deren Übernahme im Mietvertrag vereinbart ist und die einzelnen Betriebskosten genau aufgeschlüsselt werden.

Keine sonstigen Betriebskosten sind z. B. Bankgebühren, Verwaltungskosten, Zinsen, Porto.

Die Formulierung im Mietvertrag ist entscheidend

Zwar ist in § 556 Abs. 1 nunmehr geregelt, dass die Betriebskosten auf die Mieter umgelegt werden können. Dennoch muss die schriftliche Vereinbarung hinsichtlich der Betriebskosten im Mietvertrag eindeutig sein.

Nachteilige Formulierungen

Eine Vereinbarung *»Der Mieter trägt alle umlagefähigen Nebenkosten.«* kann auch weiterhin dazu führen, dass der Mieter nur Strom, Wasser und Heizung zahlt.

Nachteilig sind auch Formulierungen wie:

- *Mieter trägt die üblichen Nebenkosten.*
- *Die Abgaben auf das Haus trägt der Mieter.*
- *Die anfallenden Kosten wie z. B. Strom, Gas, Wasser oder ähnliches trägt der Mieter.*
- *Die städtischen Gebühren trägt der Mieter.*
  Damit würden nur Kanalgebühren und Müllabfuhrkosten umgelegt werden können, nicht jedoch Grundsteuer oder die Kosten einer Gebäudeversicherung!

Bei der heutigen Explosion der Betriebskosten, hauptsächlich der kommunalen Gebühren, ist es daher wichtig, die umlagefähigen Betriebskosten detailliert aufzuschlüsseln und aufzuführen.

Am Ende dieses Kapitels finden Sie eine korrekte Betriebskostenabrechnung.

Hinsichtlich des *Abrechnungsmaßstabes* für Betriebskosten ist in § 556 a Abs. 1 BGB bestimmt, dass die Betriebskosten nach dem Anteil der Wohnfläche umzulegen sind, sofern

- die Vertragsparteien nichts anderes vereinbart haben (z. B. bei dem Frischwasser nach Personenzahl) oder
- soweit andere Vorschriften nicht eine anderweitige Abrechnung vorschreiben (Heizkosten nach der Heizkostenverordnung)

Bei verbrauchsabhängigen Betriebskosten ist in § 556 a Abs. 1 Satz 2 BGB geregelt, dass diese Betriebskosten nach einem Maßstab umzulegen sind, der dem unterschiedlichen Verbrauch und der unterschiedlichen Verursachung Rechnung trägt. Der Frischwasserverbrauch kann nicht mehr nach Quadratmeter/Wohnfläche umgelegt werden, da bei einer pauschalen Abrechnung der Frischwasserkosten nach der Wohnfläche nicht berücksichtigt wird, ob diese Wohnung von einer einzelnen Person oder einer mehrköpfigen Familie bewohnt wird.

▶ TIPP

Wasser- und Stromkosten sollte man immer aufgrund separater Messeinrichtungen, die nur für die Wohnung des Mieters bestimmt sind, umlegen.
Heizkosten sind nach der Heizkostenverordnung sowieso durch Erfassungsgeräte nach dem individuellen Verbrauch des Mieters und der Wohnfläche zu berechnen.
Die übrigen Betriebskosten sollten nach Quadratmeter/Wohnfläche umgelegt werden.

Im Mietvertrag muss auch zukünftig weiterhin genau vereinbart werden, welcher Umlageschlüssel gewählt wird.

Die **Vereinbarung im Mietvertrag**, dass die Betriebskosten nach Quadratmeter/ Wohnfläche umgelegt werden, führt zur vereinfachten Abrechnung für den Vermieter. Würde die Betriebskosten nach der Personenzahl umgelegt, könnte daher der Abrechnungsmodus bei größeren Wohneinheiten schwierig werden, wenn ein häufiger Mieterwechsel stattfindet.

Zudem kann es Schwierigkeiten geben, wenn ein anderer Mieter beispielsweise ein oder zwei Untermieter in die Wohnung aufgenommen hat, ohne dass dies der Vermieter zunächst erfahren hat. Verbrauchsabhängige Kosten sollten daher zukünftig durch separate Messeinrichtungen erfasst werden.

Hinsichtlich der Heizkosten ist die Heizkostenverordnung zwingend. Jeder Vermieter muss danach den jeweiligen Verbrauch der Mieter an Wärmeinheiten und Warmwasser erfassen und alle Kosten nach Verbrauch (z. B. 70 Prozent) und der Wohnfläche (30 Prozent) umlegen.

Eine Ausnahme besteht nur bei Gebäuden mit nicht mehr als zwei Wohnungen, von denen eine der Vermieter selbst bewohnt (§ 2 Heizkostenverordnung). Wenn also der Vermieter das Erdgeschoss bewohnt und der Mieter das Dachgeschoss, dann muss der Vermieter keine Verbrauchserfassung durchführen.

Vorauszahlung oder Pauschale

Wenn man die Betriebskosten benannt hat, die der Mieter zahlen soll, dann muss der Vermieter auch den Betrag vereinbaren, den der Mieter für die auf das Haus entfallenden Betriebskosten monatlich im Voraus entrichten muss.

▶ TIPP

Um Streitigkeiten zu vermeiden, ist es auch beim selbstgenutzten Zweifamilienhaus für den Vermieter sinnvoll, die Wärme- und Warmwasserkosten nach Verbrauch umzulegen.

Weiterhin wird zwischen Vorauszahlung und Pauschale unterschieden (§ 556 Abs.2 BGB).

Vorauszahlung: Damit ist eine variable Kostenumlage gemeint. Die sich verändernden Betriebskosten werden in der Höhe umgelegt, in der sie anfallen. Erhöhungen (oder Ermäßigungen) werden an den Mieter weitergegeben. Der Vermieter muss die Vorauszahlungen abrechnen und Nachforderungen stellen bzw. ein Guthaben auszuzahlen.

Pauschale: Mit der Zahlung einer Pauschale sind die Ansprüche des Vermieters auf die Betriebskosten abgegolten, egal ob der Pauschalbetrag ausreichend ist oder nicht. Hat der Vermieter eine Bruttomiete oder eine Pauschale vereinbart, muss er bei dieser Abrechnungsart für die gesamte Dauer der Mietzeit bleiben.

Allerdings kann ein Mieter die Herabsetzung einer zu hohen Pauschale gerichtlich erzwingen.

Als Vermieter sollte man daher immer eine Vorauszahlung vereinbaren und diese auch ausdrücklich so benennen. Die Höhe der Vorauszahlung orientiert sich an den voraussichtlich entstehenden Betriebskosten. Die Höhe der Vorauszahlung sollte genau bestimmt werden, beispielsweise mit der Formulierung »Die Vorauszahlung beträgt monatlich zurzeit für Heizkosten .... €, für übrige Betriebskosten .... €.«

Die Vorauszahlung kann nur in angemessener Höhe vereinbart werden (§ 556 Abs. 2 Satz 2 BGB), darf aber zwischen 15 und 25 Prozent über den zu erwartenden Betriebskosten liegen. Haben sich jedoch die Betriebskosten im Verlauf des Mietverhältnisses vermindert, ist der Vermieter verpflichtet, die Vorauszahlung vom Zeitpunkt der Betriebskostenermäßigung an entsprechend zu mindern.

Achtung: Eine Vorauszahlung können Sie als Vermieter aber immer nur verlangen, wenn Sie dies im Mietvertrag schriftlich vereinbart haben.

► TIPP

Verwenden Sie in Mietverträgen nie das Wort Pauschale.

Die Heiz- und Betriebskostenabrechnung

Über die Vorauszahlungen für Betriebskosten ist jährlich abzurechnen, § 556 Abs. 3 BGB. Die Abrechnung muss dem Mieter spätestens bis Ablauf des 12. Monats nach Ende des Abrechnungszeitraumes mitgeteilt werden, nie am letzten Tag!

Diese Ausschlussfrist ist für den Vermieter wichtig, denn nach Ablauf der 12 Monate kann der Vermieter Nachforderungen nicht mehr geltend machen. Eine Nachforderung, die zwölf Monate nach Ende des Abrechnungszeitraumes erhoben wird, ist nur dann möglich, wenn der Vermieter die verspätete Geltendmachung nicht zu vertreten hat.

Einwendungsausschluss des Mieters

Der Mieter hat Einwendungen gegen die Abrechnung spätestens bis zum Ablauf des 12. Monats nach Zugang der Abrechnung mitzuteilen (§ 556 Abs. 3 Satz 5 BGB). Damit diese Frist für den Mieter in Lauf gesetzt wird, ist es notwendig, dass der Vermieter einen Zugangsnachweis für die Betriebskostenabrechnung hat (Empfangsbekenntnis durch den Mieter), denn ansonsten kann er den Lauf der Ausschlussfrist nicht beweisen.

Welche Kosten können im Einzelnen abgerechnet werden?

Die Kosten sind in Einzelnen in der Betriebskostenverordnung (BetrKV) aufgeführt

1. Die laufenden öffentlichen Lasten des Grundstücks

- Grundsteuerbeträge,
- Grundsteuererhöhungsbeträge.

Nicht: Hypothekengewinnabgabe, Anlieger-, Erschließungs-, und Straßenbaugebühren.

2. Die Kosten der Wasserversorgung

- Wasserverbrauchskosten,
- Grundgebühren und die Zählermiete für die Wasserhähne
- Kosten für die Verwendung von Zwischenzählern
- Wasseraufbereitungskosten
- Strom, Wartung und Pflegekosten für dieses Anlagen
- Wasserpumpe – Stromkosten
- Untersuchungskosten des Wassers
- Kosten der Eichung der Wasserzähler

3. Die Kosten der Entwässerung
- die Gebühren für die Haus- und Grundstücksentwässerung, die Kanalgebühren
- die Kosten des Betriebs einer Entwässerungspumpe
- Abfuhr des Klärschlamms
- Betriebs- und Wartungskosten der Entwässerungspumpe

4. Die Kosten des Betriebs der zentralen Heizungsanlage u.a.
- Brennstoffkosten
- Brennstofflieferungskosten
- Kosten der Heizungsbedienung
- Kosten der Überwachung, Pflege und Wartung
- Kosten der Prüfung der Betriebsbereitschaft und Sicherheit
- Kosten der Einstellung der Heizung
- Kosten der Reinigung der Anlage
- Kosten der Reinigung des Betriebsraumes
- Kosten der Messung nach dem Bundesimmissionsschutzgesetz
- Kosten der Verwendung einer Ausstattung zur Verbrauchserfassung (Miete von Wärmezähler, Heizkostenverteiler; Kauf und Einbau sind kostenmäßig nach § 559 BGB mit 11 Prozent der Anschaffungskosten pro Jahr umzulegen, siehe S. 96)
- Kosten der Berechnung und Aufteilung der Heizkosten

Kosten des Betriebs von Gas- und Öltank, der sich auf dem Grundstück befindet
- Kosten der verbrauchten Brennstoffe
- Kosten der Lieferung des Betriebsstroms
- Kosten der Überwachung und Reinigung der Anlage und des Betriebsraumes

Sonstige Kosten der Reinigung und Wartung

- Kosten der Schornsteinreinigung
- Kosten der Beseitigung von Wasserablagerungen und Verbrennungsrückständen
- Kosten der regelmäßigen Prüfung der Betriebsbereitschaft
- Kosten der regelmäßigen Prüfung der Betriebssicherheit
- Kosten der Messung nach dem Bundesimmissionsschutzgesetz

5. Warmwasserkosten

- Betriebskosten der zentralen Warmwasserversorgungsanlage
- die Kosten der eigenständig gewerblichen Lieferung von Warmwasser
- die Kosten der Reinigung und Wartung von Warmwassergeräten
- die Kosten der Beseitigung von Wasserablagerungen und Verbrennungsrückständen

Dies gilt auch für die Kosten der verbundenen Heizungs- und Warmwasserversorgungsanlagen

6. Die Kosten des Betriebs der maschinellen Personen- oder Lastenaufzüge

- Kosten des Betriebsstroms
- Kosten der Beaufsichtigung und der Bedienung
- Kosten der Überwachung und Pflege der Anlage
- Kosten der regelmäßigen Prüfung ihrer Betriebssicherheit einschließlich der Einstellung durch einen Fachmann
- Kosten der Reinigung der Anlage

7. Die Kosten der Straßenreinigung und Müllabfuhr

- die Gebühren für die öffentliche Straßenreinigung
- die Gebühren für die öffentliche Müllabfuhr
- die Kosten für Firmen, die auf privater Basis die Straßenreinigung und Müllabfuhr übernehmen
- die Kosten für das Schneeräumen
- die Kosten für das Streuen im Winter
- Kosten des Betriebs von Müllkompressoren, Müllschluckern und Müllabsauganlagen

8. Die Kosten der Hausreinigung und Ungezieferbekämpfung

- die Kosten der Säuberung der von den Bewohnern gemeinsam genutzten Gebäudeteile wie Zugänge, Flure, Treppen, Keller, Bodenräume, Waschküchen
- auch der Fahrkorb des Aufzuges
- die Kosten der Fensterreinigung der Gemeinschaftsfenster

9. Die Kosten der Gartenpflege

- die Kosten der Pflege gärtnerisch angelegter Flächen (Rasenmähen)
- die Kosten der Erneuerung von Pflanzen und Hölzern
- die Kosten der Pflege von Spielplätzen
- die Kosten der Erneuerung von Sand
- die Kosten der Pflege von Plätzen, Zugängen und Zufahrten, die dem nichtöffentlichen Verkehr dienen und sich auf dem Grundstück befinden

10. Die Kosten der Beleuchtung
Hierzu zählen
- die Kosten des Stroms für die Außenbeleuchtung
- die Kosten des Stroms für die Innenbeleuchtung der gemeinsam genutzten Gebäudeteile wie Zugänge, Flure, Treppen, Keller, Bodenräume und Waschküchen

11. Die Kosten der Schornsteinreinigung
- Kehrgebühren, soweit sie nicht bereits bei Ziff. 4 berücksichtigt sind

12. Die Kosten der Sach- und Haftpflichtversicherung
- Versicherung des Gebäudes gegen Feuer-, Sturm-, Wasser- sowie sonstige Elementarschäden
- Glasversicherung
- Haftpflichtversicherung für das Gebäude
- Versicherung für den Öltank
- Versicherung für den Aufzug

Nicht auf den Mieter umzulegen sind: Kosten der Rechtsschutzversicherung und Hausratversicherung.

13. Die Kosten für den Hauswart/Hausmeister
- die Vergütung
- die Sozialbeiträge und alle geldwerten Leistungen, die der Eigentümer (Erbbauberechtigte) dem Hauswart für seine Arbeit gewährt, soweit diese nicht die Instandhaltung, Instandsetzung, Erneuerung, Schönheitsreparaturen oder die Hausverwaltung betreffen.

Nicht auf den Mieter umzulegen sind zusätzliche Kosten für den Hausverwalter.

14. Die Kosten der Antennenanlage

- die Kosten des Betriebs der *Gemeinschaftsantennenanlage*
- die Kosten des Betriebsstroms
- die Kosten der regelmäßigen Prüfung der Betriebsbereitschaft
- die Kosten der Einstellung durch einen Fachmann
- die Kosten des Nutzungsentgelts für eine nicht zum Gebäude gehörende Antennenanlage

  oder
- die Kosten des Betriebs der mit einem *Breitbandkabelnetz* verbundenen privaten Verteileranlage (Kosten einschließlich der monatlichen Grundgebühren)

15. Die Kosten der maschinellen Wascheinrichtungen (Waschmaschinen, Wäscheschleudern, Trockengeräte, Trockenschränke, gegebenenfalls auch Bügelmaschinen; Voraussetzung: Alle Bewohner des Miethauses können die Geräte benutzen):

- die Kosten des Betriebsstroms und des verbrauchten Wassers
- die Kosten der Überwachung
- die Kosten der Pflege
- die Kosten der Reinigung der maschinellen Einrichtung
- die Kosten der regelmäßigen Prüfung ihrer Betriebsbereitschaft und Betriebssicherheit

16. Sonstige Betriebskosten (im Mietvertrag als umlagefähig konkret vereinbart und nicht unter den Ziffern 1. bis 15. genannt)

- Kosten für Dachrinnenreinigung, soweit sie aufgrund eines Mietvertrages umlagefähig sind.
- Weiter die Kosten für Müllschlucker, Müllabsauganlagen
- Kosten für Wartung und Prüfung der Feuerlöscher.

In Ihrer Betriebskostenabrechnung müssen Sie eine geordnete Zusammenstellung der Gesamtkosten, die Angabe und Erläuterung des Verteilerschlüssels, die Berechnung des Anteils des Mieters und die Vorauszahlung des Mieters aufführen. Eine Zusammenstellung der Einzelkosten und eine Aufzählung der einzelnen Rechnungen mit Datum sind entbehrlich (BGH, NZM 2004, S. 13). Alle angesetzten Kostenarten müssen einzeln bezeichnet werden.

Bei der Betriebskostenabrechnung gegenüber Ihrem Mieter können und dürfen Sie natürlich nur die Kosten umlegen, die Sie im Einzelfall mit dem Mieter als umlagefähig vereinbart haben. Eine korrekte Abrechnung entnehmen Sie dem Musterbrief auf Seite 52.

Anhand der Musterabrechnung wird deutlich, dass es sinn-

> ▶ TIPP
>
> Da die Gerichte immer schärfere Anforderungen an die Begründungspflicht der Vermieter stellen, ist es häufig angebracht, professionelle Beratung durch den örtlichen Verein von Haus und Grund oder durch einen Rechtsanwalt in Anspruch zu nehmen.

voll ist, bei den Vorauszahlungen zwischen der Vorauszahlung der Betriebskosten und der Heizkosten zu unterscheiden.

Da wegen der Heizkostenabrechnung sowieso eine Firma einzuschalten ist, die die Messgeräte installiert, wird auf die Abrechnung der Heizkosten nicht eingegangen.

Die Messfirmen unterhalten einen eigenen Abrechnungsdienst, der die Heizkostenabrechnung dann gemäß den gesetzlichen Bestimmungen durchführt. Anhand der Abrechnung kann dann über die Vorauszahlung bezüglich der Heizkosten abgerechnet werden.

Achtung: Schönheitsreparaturen

Besonders wichtig im Mietvertrag ist eine Aufnahme der Regelung zu den Schönheitsreparaturen.

Die regelmäßige Durchführung von Schönheitsreparaturen gehört nach § 535 Abs. 1 BGB an sich zu den Pflichten des Vermieters.

Im Rahmen der Mietrechtsreform wurde ausdrücklich davon abgesehen, eine gesetzliche Regelung zu den Schönheitsreparaturen einzufügen, da die Vorteile einer gesetzlichen Regelung die damit verbundenen Nachteile nicht aufwiegen.

Daher hat die zu den Schönheitsreparaturen bisher ergangene Rechtsprechung auch weiterhin Bedeutung.

▶ MUSTERBRIEF **Betriebskostenabrechnung**

Familie Wilfried und Brigitte Meyer
Im Gericht 12
34599 Bad Zwesten

30. März 2006

Familie
Walter und Lina Stillebein
Stichstraße 15 / 4
34117 Kassel

Betriebskostenabrechnung 2005 für Ihre Wohnung im Haus Stichstr. 15 im 4. Stock links

Sehr geehrte Frau Stillebein, sehr geehrter Herr Stillebein,

die im Mietvertrag vereinbarten umlagefähigen Kosten rechnen wir für den Zeitraum 01.01.2005 bis 31.12.2005 wie folgt ab:

1. Kanalgebühren, Abwasser (gemäß Bescheid der Stadtverwaltung vom ... sowie Änderungsbescheid vom ...)	1356,17 €
2. Treppenhausstrom (Zähler Nummer ... gemäß Rechnung Stadtwerke vom ...)	76,80 €
3. Müllabfuhr (gemäß Bescheid der Stadtverwaltung vom ...)	825,00 €
4. Straßenreinigung (gemäß Bescheid der Stadtverwaltung vom ...)	218,00 €
5. Schornsteinfeger (gemäß Rechnung des Schornsteinfegermeisters xy vom ...)	147,20 €
6. Sach- und Haftpflichtversicherung	
a) Feuerversicherung (gemäß Rechnung der Brandkasse vom ...)	188,00 €
b) Gebäudehaftpflichtversicherung (gemäß Rechnung der Versicherungs AG vom ...)	256,00 €
7. Grundsteuer (gemäß Bescheid vom ...)	406,00 €

8. Gartenpflege (gemäß Rechnung des Gartenbaubetriebes vom...)	520,00 €
9. Schneebeseitigung (gemäß Streumittelrechnung vom...)	26,00 €
10. Hausreinigung (gemäß Rechnung der Reinigungsfirma Sauber vom...)	840,2 5 €
Gesamtkosten für das Haus	**4859,42 €**
Gemäß Mietvertrag erfolgt die Verteilung der Betriebskosten nach Quadratmetern; bei einer Gesamtfläche des Hauses von 380 qm ergeben sich Kosten von 11,72 € je qm und Jahr, bezogen auf Ihre Wohnungsgröße von 75 qm ergeben sich dann umlagefähige Kosten in Höhe von	**959,10 €**
Frischwasserkosten gem. Verbrauch 64,68 qm x 5,20 €	336,34 €
Gesamtkosten	1295,44 €
abzüglich Ihre Vorauszahlungen 12 X 90,00 EURO	1080,00 €
= Nachzahlungsbetrag auf die Betriebskosten	**215,44 €**

Über die Heizkostenabrechnung überreiche ich beigefügt die Abrechnung der Heizkostenfirma Heiß & Wasser.

Die Abrechnung hinsichtlich der Heizkosten sieht wie folgt aus:

Umlagefähige Heizkosten für Ihre Wohnung gemäß Abrechnung	1717,50 €
abzüglich Ihrer Vorauszahlung auf die Heizkosten 12 X 140,00 DM	1680,00 €
Nachzahlungsbetrag	37,50 €

Wir bitten um Überweisung des gesamten Nachzahlungsbetrages in Höhe von **252,94 €**

Die Abrechnungsbelege können bei mir jederzeit eingesehen werden.

Mit freundlichen Grüßen

W. und B. Meyer

▶ INFO

Fehlt eine Vereinbarung im Mietvertrag, nach der ein Mieter die regelmäßigen Schönheitsreparaturen durchführen muss, so kann man von dem Mieter weder während der Dauer des Mietverhältnisses noch am Ende die Durchführung von Schönheitsreparaturen verlangen.

Die Vereinbarung »*die Schönheitsreparaturen trägt der Mieter*« ist so eindeutig, dass der Mieter die laufenden Schönheitsreparaturen durchführen muss.

Wenn im Mietvertrag der Begriff der Schönheitsreparaturen nicht näher bezeichnet ist, dann umfassen diese in Anlehnung an eine Entscheidung des Bundesgerichtshofs (BGHZ, Band 92, S. 363,368) folgende Maßnahmen:

- das Tapezieren, Anstreichen oder Kalken der Wände
- das Tapezieren, Anstreichen oder Kalken der Decken
- das Streichen der Fußböden
- das Streichen der Heizkörper einschließlich der Heizrohre
- das Streichen der Innentüren
- das Streichen der Fenster und Außentüren von innen

Der Mieter ist also nur verpflichtet, Maler- und Tapezierarbeiten durchzuführen, um die Mieträume im äußeren Anschein ansehnlich herzurichten. Er ist jedoch nicht verpflichtet, Reparaturen an der Bausubstanz, Erneuerung des Putzes, Mauerwerk, Instandsetzung von Türen, Fenstern oder Installationen durchzuführen. Nicht zu den Schönheitsreparaturen gehört nach der Rechtsprechung das Abschleifen und Versiegeln von Parkettböden, die Erneuerung eines durch den normalen Gebrauch abgenutzten Teppichbodens. Die Reinigung des Teppichbodens muss jedoch ein Mieter tragen.

> **▶ INFO**
>
> Beschädigt allerdings der Mieter fahrlässig oder vorsätzlich das Mauerwerk oder den Teppichboden, so ist er zur Schadensbeseitigung verpflichtet.

Bei Schönheitsreparaturen müssen – im Allgemeinen – folgende Fristen eingehalten werden bzw. ein Fristenplan vereinbart werden. Danach sollten renoviert werden:

- Nach 3 Jahren: Küchen, Bäder und Duschen
- Nach 5 Jahren: Wohn- und Schlafräume, Flure, Dielen
- Nach 7 Jahren: Toiletten und alle anderen Räume

Obwohl der Bundesgerichtshof (BGHZ, Band 92, Seite 363) zu dem Ergebnis gekommen ist, dass sich diese Fristen durch Auslegung ermitteln lassen, zeigt die Erfahrung jedoch, dass Amtsgerichte teilweise die konkrete Vereinbarung von Fristen zur Durchführung von Schönheitsreparaturen fordern.

> **▶ TIPP**
>
> Ein Fristenplan gehört daher regelmäßig zum notwendigen Bestandteil eines Mietvertrages.

Sie müssen allerdings darauf verweisen, dass der Fristenplan nur einen ungefähren Maßstab für die Verpflichtung des Mieters darstellt. Zunächst einmal ist der objektive Renovierungsbedarf der Wohnung festzustellen. Ergibt sich daraus, dass nach Ablauf der vertraglich vereinbarten Renovierungsfrist z. B. für das Schlafzimmer sich dieser Raum in einem tadellosen, neuwertigen Zustand befindet, so kann eine Renovierung unterbleiben. Dies wird unter Umständen am Einzelfall entschieden.

Der Bundesgerichtshof ist der Auffassung, dass ein Fristenplan mit starren Fristen unwirksam ist (BGH, NZM 2004, Seite 653), ein Fristenplan muss auf den Erhaltungszustand der Wohnung abstellen.

▸ TIPP

Als Vermieter sollten Sie auf Formularmietverträge zurückgreifen, die das Problem der Schönheitsreparaturen schon umfassend regeln, da die vom Mieter durchzuführenden Arbeiten im Einzelnen aufgeführt sind und ein Fristenplan schon in diesem Formular enthalten ist.

Es muss unbedingt davor gewarnt werden, in dieses Formular eigene, vom Formularmietvertrag abweichende Vereinbarungen zusätzlich einzubringen. Die Gefahr liegt darin, dass Sie als juristischer Laie die Bedeutung der Zusatzvereinbarung im Verhältnis zu dem vorgedruckten Text nicht ermessen. Es könnte der Fall eintreten, dass sich die vorgedruckte Regelung und die zusätzliche schriftliche Vereinbarung hinsichtlich der Schönheitsreparaturen widersprechen. Dies hat dann zur Folge, dass die Regelungen des Mietvertrages unwirksam sind – widersprechende Klausel gehen immer zu Lasten des Vermieters. Im schlimmsten Fall kann man bei widersprechenden Klauseln vom Mieter keine Schönheitsreparaturen verlangen und bleibt unter Umständen auf mehreren tausend Euro Renovierungskosten sitzen.

Einen Vorschlag für eine wirksame Vereinbarung zur Übernahme der Schönheitsreparaturen durch den Mieter finden Sie auf Seite 58f.

Reparaturklauseln in Formularmietverträgen

In vielen Mietverträgen ist festgelegt, dass sich der Mieter in bestimmten Fällen an den Kosten für die Durchführung von Reparaturen beteiligen muss. Dies betrifft Reparaturen an Teilen des Mietgegenstandes, die seiner unmittelbaren Einwirkung unterliegen, wie Hausprechanlagen, Wasserhähne, Fenster und Türverschlüsse, Wasch- und Abflussbecken einschließlich der Zu- und Ableitungen etc..

Der Mieter kann aber lediglich verpflichtet werden, die Kosten für kleinere Reparaturen zu tragen. Eine solche Klausel ist nach der Rechtsprechung des Bundesgerichtshofes unter bestimmten Voraussetzungen zulässig (BGH, DWW 1989, Seite 195ff).

- Die Reparaturklausel muss auf Teile der Wohnung beschränkt sein, die häufig dem Zugriff des Mieters ausgesetzt sind wie z. B. Installationsgegenstände für Elektrizität, Gas, Wasser, Heiz- und Kocheinrichtungen sowie die oben genannten Einrichtungen.
- Rohre und elektrische Leitungen oder solche Gegenstände,

▶ VERTRAG **Schönheitsreparaturen**

1.

Der Mieter ist verpflichtet, auf seine Kosten die Schönheitsreparaturen in den Mieträumen, wenn erforderlich, fachgerecht auszuführen. Schönheitsreparaturen umfassen das Tapezieren, Anstreichen der Wände und der Decken, das Streichen der Fußböden, Heizkörper einschließlich Heizrohre, der Innentüren sowie der Fenster und Außentüren von Innen. Im gleicher Weise hat der Mieter auch die Renovierung der Fußleisten durchzuführen.

Naturlasiertes Holzwerk darf nicht mit Farbe behandelt werden.

Die Zeitfolge beträgt im Allgemeinen:

- bei Küchen, Bädern und Duschen 3 Jahre
- bei Wohn- und Schlafräumen, Fluren, Dielen und Einzel-Toiletten 5 Jahre
- bei allen übrigen Räumen 7 Jahre.

Diese Zeitfolgen werden berechnet vom Zeitpunkt des Beginns des Mietverhältnisses bzw. soweit Schönheitsreparaturen nach diesem Zeitpunkt von dem Mieter fachgerecht durchgeführt worden sind, von diesem Zeitpunkt an.

Der Mieter hat ferner vom Vermieter gestellte Textilböden bei Bedarf fachgerecht zu reinigen oder reinigen zu lassen. Die Zeitfolge hierfür beträgt im allgemeinen 3 Jahre.

2.

Der Mieter ist auch bei Beendigung des Mietverhältnisses verpflichtet, Schönheitsreparaturen nach Bedarf durchzuführen, wenn die Zeitfolgen nach Ziff. 1 seit Übergabe der Mietsache bzw. seit dem letzten durchgeführten Schönheitsreparaturen verstrichen sind.

3.
Bei Beendigung des Mietverhältnisses hat der Mieter die Wohnung in fachgerecht renoviertem Zustand zu übergeben. Weist der Mieter jedoch nach, dass die letzten Schönheitsreparaturen innerhalb der oben genannten Zeitfolgen – zurückgerechnet vom Zeitpunkt der Beendigung des Mietverhältnisses – durchgeführt worden sind, und befindet sich die Wohnung in einem einer normalen Nutzung entsprechenden Zustand, so muss er anteilig den Betrag an den Vermieter zahlen, der aufzuwenden wäre, wenn die Wohnung im Zeitpunkt der Vertragsbeendigung renoviert würde; dasselbe gilt, wenn und soweit bei Vertragsbeendigung die obigen Zeitfolgen seit Beginn des Mietverhältnisses noch nicht vollendet sind. Als Preisgrundlage gilt das Angebot einer anerkannten Firma. Der Mieter kann die Zahlungsverpflichtung dadurch abwenden, dass er die Schönheitsreparaturen bis zur Beendigung des Mietverhältnisses durchführt oder durchführen lässt.

4.
Bei Beendigung des Mietverhältnisses ist der Mieter verpflichtet, Dübeleinsätze zu entfernen, Löcher fachgerecht zu verschließen, soweit nicht das Anbringen von Bohrlöchern und Dübeln zum vertragsgemäßen Gebrauch der Mietsache unerlässlich war. Veränderungen dieser Art, denen der Vermieter nicht ausdrücklich zugestimmt hat oder bei Wahrung seiner berechtigten Interessen nicht hätte zustimmen müssen, verpflichten den Mieter zum Schadenersatz.

5.
Der Vermieter ist auf keinen Fall zur Durchführung von Schönheitsreparaturen verpflichtet, auch dann nicht, wenn die vereinbarten Regelungen zur Durchführung von Schönheitsreparaturen unwirksam sein oder werden sollten.

mit denen der Mieter so gut wie nicht in Berührung kommt, dürfen nicht darunter fallen.

- Der Aufwand muss mit einem Höchstbetrag je Einzelfall festgelegt werden. Es sind Regelungen zulässig, in denen Kleinbetragsreparaturen bis zu einem Betrag von 80,00 € vom Mieter zu tragen sind.
- Weiterhin muss vereinbart werden, dass eine jährliche Begrenzung der gesamten Kosten der Kleinbetragsreparaturen besteht (sog. Kleinreparaturklausel).

> **TIPP**
>
> Diese jährliche Begrenzung ist in den neusten Formularmietverträgen auf 8 Prozent der Jahresnettomiete beschränkt. Achten Sie als Vermieter darauf, dass die Reparaturklausel in den Mietvertrag aufgenommen wird.

Da die Rechtsprechung Formularmietverträge als »Allgemeine Geschäftsbedingungen« einstuft, unterliegen diese Verträge der ständigen Überprüfung daraufhin, ob sie eine unangemessene Benachteiligung des Mieters gemäß § 307 BGB darstellen.

Auch die Kleinreparaturklausel wird regelmäßig von der Rechtssprechung auf ihre Wirksamkeit überprüft, sodass insbesondere Vereinbarungen in älteren Formularmietverträgen unwirksam sein könnten. Derzeit wird eine wirksame Vereinbarung in einem Formularmietvertrag zur Kleinreparaturklausel wie folgt lauten:

> ▶ VERTRAG **Kleinreparaturklausel**
>
> a) Verschuldensunabhängig hat der Mieter die Kosten zu tragen für kleinere Instandhaltungs- und Instandsetzungsarbeiten an den Installationsgegenständen für Elektrizität, Wasser und Gas, den Heiz- und Kocheinrichtungen, den Fenster- und Türverschlüssen sowie den Verschlussvorrichtungen von Fensterläden, soweit sie seiner unmittelbaren Einwirkung unterliegen und im Einzelfall einen Betrag von .... € nicht übersteigen.
>
> b) Die Verpflichtung des Mieters zur Durchführung von Sach-, Dienst- und Geldleistungen nach Punkt a) dieser Regelung ist auf jährlich 8 Prozent der Jahresnettomiete beschränkt.

Sie müssen auf jeden Fall den Betrag noch einsetzen. Derzeit dürfte ein Betrag von 70 bis 80 € je Einzelfall zulässig sein.

Kaution – zu Ihrer Sicherheit

Die Kaution sichert alle Ansprüche des Vermieters gegen den Mieter, sei es auf Miete, Schadenersatz wegen Beschädigung der Mietsache oder Schönheitsreparaturen.

▶ TIPP

Diese Sicherheitsleistung muss im Mietvertrag festgelegt werden.
Fehlt eine derartige schriftliche Vereinbarung im unterzeichneten Mietvertrag, kann keine entsprechende Nachforderung an den Mieter gestellt werden.

Es ist unbedingt zu empfehlen, dass Sie mit Ihrem Mieter die Zahlung einer entsprechenden Kaution vereinbaren, denn damit erhöhen sich Ihre Sicherheiten.

Dies wird am Beispiel einer fristlosen Kündigung wegen Zahlungsverzuges deutlich: Da Miete und Betriebskosten jeweils bis zum 3. Werktag eines jeden Monats im Voraus zu zahlen sind, könnten Sie Ihrem Mieter erst dann fristlos kündigen, wenn er mit zwei Mieten für zwei aufeinander folgende Termine im Verzug ist. Nachdem die zweite Miete nicht gezahlt wurde, könnten Sie dann die Kündigung aussprechen.

Erst danach könnten Sie die Räumungsklage erheben. Zwischen der Einreichung der Räumungsklage und der Entschei-

▶ TIPP

Nehmen Sie möglichst während der Dauer des Mietverhältnisses nie die Kaution in Anspruch, um eine rückständige Miete auszugleichen.
Sie hätten dann zwar einen Anspruch gegen den Mieter auf Auffüllung der Kaution, müssten jedoch erst wieder auf die Zahlung für diese Auffüllung dringen, gegebenenfalls müssen Sie klagen.

dung des Gerichts vergehen teilweise noch einige Monate. Ihr Verlust würde dann etwas gemildert, wenn Sie Ihre Ansprüche auf die Zahlung der Miete mit der Kaution verrechnen könnten.

Wie hoch darf die Kaution sein?

Nach § 551 BGB

- darf die Kaution höchstens das Dreifache der auf einen Monat entfallenden Miete (Kaltmiete) betragen.
- Betriebskosten dürfen – egal ob sie als Pauschale oder Vorauszahlung ausgewiesen sind – nicht in die Berechnung der Kaution miteinbezogen werden.

Der Mieter ist berechtigt, die Kaution in drei gleichen monatlichen Teilbeträgen zu zahlen, wobei der erste Teilbetrag zu Beginn des Mietverhältnisses fällig ist. Die Kaution ist bei einem Mietverhältnis über Wohnraum vom Vermieter auf einem besonderen Konto bei einem Kreditinstitut für Spareinlagen mit dreimonatiger Kündigungsfrist bei üblichem Zinssatz anzulegen.

Andere Anlageformen können zwischen den Vertragsparteien vereinbart werden.

In allen Fällen muss die Anlage vom Vermögen des Vermieters getrennt erfolgen.

Die Erträge aus dem Angesparten stehen dem Mieter zu. Jegliche zum Nachteil des Mieters abweichende Vereinbarung ist unwirksam.

Bei Wohnraum in einem Studenten- oder Jugendwohnheim besteht für den Vermieter keine Pflicht, die Sicherheitsleistung zu verzinsen.

Der Mieter kann auch jederzeit vom Vermieter einen Nachweis über die Anlage der Kaution verlangen. Die Zinsen aus der Kaution muss der Mieter versteuern.

▶ TIPP

Bisweilen werden Kautionssparbücher so angelegt, dass Vermieter und Mieter nur gemeinsam darüber verfügen können. Vor einer derartigen Anlage ist zu warnen. Wollen Sie als Vermieter über ein derartiges Gemeinschaftskonto verfügen, müssten Sie erst die Zustimmung Ihres Mieters haben. Verweigert er diese, dann müssten Sie erst auf Zustimmung klagen.

Folgende Regelung muss mit der Bank vereinbart sein: »Dieses Mietkautionskonto ist nicht dafür bestimmt, eigenen Zwecken des Kontoinhabers zu dienen; es dient nur der Einzahlung der Mietkaution. Nur der Vermieter ist der Bank gegenüber allein verfügungsbefugt.

Die Bank wird bei diesem Mietkautionskonto weder das Recht der Aufrechnung noch ein Pfand- oder Zurückbehaltungsrecht geltend machen, es sein denn, es liegen Forderungen vor, die in Bezug auf das Mietkautionskonto selbst entstanden sind. Dieser Verzicht entfällt, sobald das Konto nicht mehr als Mietkautionskonto geführt wird.«

Davon abweichende Vereinbarungen sind unwirksam!

Auch die Bürgschaft eines Dritten (Eltern oder Bank) ist eine mögliche Sicherheit für Sie als Vermieter. Der Mieter kann allerdings nach der Rechtsprechung verlangen, dass der Bürge nur

▶ INFO

Wenn ein Vermieter die Kaution nicht auf ein Kautionskonto mit gesetzlicher Kündigungsfrist einzahlt, das von seinem Vermögen eindeutig getrennt ist, kann er sich strafbar machen, da die Rechtsprechung dies als Untreue ansieht. Wichtig ist es, dem Mieter die Möglichkeit zu lassen, die Kaution in drei Raten zu zahlen. Wenn Sie vereinbaren, dass der Mieter die Kaution in einer Summe vor Übergabe des Schlüssels zahlen muss, ist dies unwirksam. Die unwirksame Vereinbarung führt dazu, dass der Mieter keine Kaution zahlen muss.

in Höhe von maximal drei Monatsmieten in Anspruch genommen wird. Eine Bürgschaft über mehr als drei Monatsmieten ist unwirksam. Auch der Bürge kann sich auf diese Einschränkung berufen.

Die Miete

Juristisch korrekt heißt das Entgelt für die Raumüberlassung jetzt »Miete«.

Die Miethöhe – ein »Spiel ohne Grenzen«?

Die Höhe der Miete wird für nicht preisgebundene Wohnungen (frei finanzierte Wohnungen) bei Abschluss des Mietvertrages generell frei vereinbart, d. h. zwischen Vermieter und Mieter frei ausgehandelt. Die Höhe kann man jedoch nicht beliebig vereinbaren. Hier müssen Richtwerte eingehalten werden. Es gibt eine Grenze, die in Höhe der *»ortsüblichen Vergleichsmiete«* liegt.

Die »ortsübliche Vergleichsmiete« ist die Miete, die in der Gemeinde für die Vermietung von nicht preisgebundenen Wohnraum vergleichbarer Art, Größe, Ausstattung, Beschaffenheit und Lage in den letzten 4 Jahren vereinbart oder – von den Erhöhungen der Betriebskosten gemäß § 560 BGB abgesehen – geändert worden ist.

Nur in den Gemeinden, in denen ein *Mietspiegel* von der Gemeinde oder von Interessenvertretern der Vermieter und der Mieter gemeinsam erstellt oder anerkannt worden ist, kann der Vermieter durch einen Blick in diesen Mietspiegel die für sein Mietobjekt vergleichbare ortsübliche Miete feststellen.

Nicht jede Gemeinde hat aber einen derartigen Mietspiegel, in diesen Fällen wird die richtige »ortsübliche Vergleichsmiete« durch einen öffentlich bestellten oder vereidigten Sachverständigen ermittelt.

> **▶ TIPP**
>
> Nun muss nicht jeder Vermieter vor Abschluss eines Mietvertrages ein entsprechendes Sachverständigengutachten einholen, jedoch ist es notwendig, dass man sich an der ortsüblichen Vergleichsmiete orientiert, beispielsweise durch einen Blick in den Immobilienteil der örtlichen Tageszeitung.

Verlangt man als Vermieter eine deutlich zu hohe Miete, so läuft man Gefahr, eine Ordnungswidrigkeit oder eine Straftat zu begehen. Denn...

- ...nach § 5 des Wirtschaftsstrafgesetzes handelt derjenige *ordnungswidrig*, der vorsätzlich oder leichtfertig für die Vermietung von Räumen zum Wohnen *unangemessen hohe Entgelte* fordert. Dies wäre dann der Fall, wenn die Miete die ortsübliche Vergleichsmiete um mehr als 20 Prozent überschreitet.
- ...nach § 291 des Strafgesetzbuches macht sich ein Vermieter dann *strafbar*, wenn er unter Ausnutzung einer Zwangslage oder Unerfahrenheit bei der Vermietung von Wohnräumen eine Miete fordert, die in einem auffälligen Missverhältnis zu seiner Leistung als Vermieter steht (= *Wucher*).

Nach einer Entscheidung des Bundesgerichtshofes ist die »Wuchergrenze« dann überschritten, wenn die vereinbarte Miete die ortsübliche Vergleichsmiete um 50 Prozent überschreitet.

Übrigens: Wenn nachfolgend von **Miete** gesprochen wird, dann handelt es sich dabei um die **»Nettomiete«**, das heißt den Betrag, den der Vermieter für die Überlassung des Wohnraumes erhält; die Vorauszahlung auf die Betriebskosten ist hierbei nicht einbezogen.

Die Mieterhöhung – Grenzen sind gesetzt

Der Vermieter kann die Miete nicht einseitig nach Belieben erhöhen. Im Regelfall ist eine Anpassung der Miethöhe an die Veränderungen innerhalb eines Jahres nur möglich, wenn der Mieter zustimmt.

Grundsätzlich sind Mieterhöhungen aufgrund einer Vereinbarung oder durch Gesetz möglich. § 557 Abs. 1 BGB ermöglicht es, jederzeit durch schriftliche Vereinbarung die Miete zu erhöhen – sofern der Mieter die schriftliche Vereinbarung unterzeichnet.

Darüber hinaus können die Vertragsparteien auch künftige Änderungen der Miethöhe als Staffelmiete nach dem § 557 a BGB oder Indexmiete nach § 557 b BGB vereinbaren. Sofern der Mieter zu einer Vereinbarung nicht bereit ist, regelt § 557 Abs. 3 BGB:

»Im Übrigen kann der Vermieter Mieterhöhung nach Maßgabe der §§ 558 bis 560 BGB verlangen, soweit nicht eine Erhöhung durch Vereinbarung ausgeschlossen ist oder sich der Ausschluss aus den Umständen ergibt.«

Damit ein Vermieter die Miete erhöhen kann, darf die Möglichkeit zur Mieterhöhung zunächst einmal nicht im Mietvertrag ausgeschlossen sein. Darüber hinaus darf sich auch nicht »aus den Umständen« ergeben, dass eine Mieterhöhung ausgeschlossen sein soll. Zur Auslegung des Begriffes »Ausschluss aus den Umständen« wird man noch auf die

▶ TIPP

Bei einem Zeitmietvertrag oder bei einer Vereinbarung, dass eine Kündigung ausgeschlossen ist, muss daher eine ausdrückliche, zweifelsfreie und eindeutige Vereinbarung enthalten sein, dass der Vermieter trotz Befristung des Mietvertrages zur Mieterhöhung berechtigt sein soll.

alte Rechtssprechung zum Zeitmietvertrag zurückgreifen können.

Die Rechtssprechung hatte für den echten Zeitmietvertrag folgende Entscheidung getroffen: »Ist in einem befristeten Mietvertrag über die Frage der Erhöhungsmöglichkeit der Miete keine Vereinbarung getroffen worden, gilt grundsätzlich, dass das Mieterhöhungsrecht dem Vermieter nicht zusteht.« (LG Baden-Baden WM 1984, Seite 86)

Eine Formulierung im Mietvertrag lautet dann: »Änderung der Miete: Auch bei einem Zeitmietvertrag oder Vereinbarung einer Kündigungsausschlussklausel sind Mieterhöhungen zulässig.« Derartige Formulierungen befinden sich auch in Formularmiet-

▶ TIPP

Wer als Vermieter sichergehen will und bei einem Zeitmietvertrag die Vereinbarung einer Kündigungsausschlussklausel als Möglichkeit zur Erhöhung der Miete erhalten will, sollte durch eine individuelle Zusatzvereinbarung im Mietvertrag vereinbaren, dass er trotz Befristung des Vertrages zur Mieterhöhung berechtigt ist.

verträgen. In der Rechtsprechung ist jedoch umstritten, ob diese Mieterhöhungsmöglichkeit formularmäßig vereinbart werden darf oder nicht.

Die Formulierung im Mietvertrag könnte dann lauten: *»Der Vermieter ist berechtigt, nach einem Jahr Wohndauer die Miethöhe der ortsüblichen Vergleichsmiete anzupassen.«*

Die Staffelmiete

Eine einfache Möglichkeit zur Erhöhung der Miete ist die Vereinbarung der so genannten Staffelmiete.

Nach § 557a BGB kann die vom Mieter zu zahlende Miete bereits im Voraus bestimmt und vertraglich vereinbart werden.

Der Vorteil ist, dass für beide Seiten die künftige Mietentwicklung überschaubar und kalkulierbar wird.

Vorsicht: Wird eine Staffelmiete entsprechend den gesetz-

> ▶ TIPP
>
> Die Staffelmietvereinbarung muss schriftlich vereinbart werden. Es müssen die Zeiträume, für die die jeweilige Miethöhe gelten soll, und auch die jeweiligen Miethöhen angegeben werden. Die bloße Feststellung, dass sich die Miete jedes Jahr zu einem bestimmten Stichtag um einen bestimmten Prozentsatz erhöhen soll, reicht nicht.
> Wichtig ist auch, dass die Zeitabstände zwischen den einzelnen Staffeln mindestens ein Jahr betragen, sonst ist die Staffelmietvereinbarung unwirksam.

▶ BEISPIEL

Eine wirksame Staffelmietvereinbarung kann so aussehen:
Der Mietzins beträgt mit Beginn des Mietverhältnisses am 01.09.2006: 1000,00 €
Ab 01.09.2007 beträgt die Nettomiete 1100,00 €
Ab 01.09.2008 beträgt die Nettomiete 1250,00 €
Ab 01.09.2009 beträgt die Nettomiete 1300,00 €
Ab 01.12.2010 beträgt die Nettomiete 1425,00 €

lichen Bestimmungen vereinbart, dann ist daneben jede weitere Mieterhöhung gem. §§ 558 bis 559 b BGB ausgeschlossen. Vereinbaren daher Sie als Vermieter eine zu niedrige Staffelmiete, so haben Sie Nachteile. Im Übrigen kann das Kündigungsrecht des Mieters für höchstens vier Jahre seit Abschluss der Staffelmietvereinbarung ausgeschlossen werden.

Die Zeitabstände zwischen den Mieterhöhungen können unterschiedlich lang sein – nur die Laufzeit zwischen zwei Erhöhungen muss mindestens 1 Jahr betragen. Auch die Mietsteigerungen sind in den Grenzen von Mietpreisüberhöhung und Mietwucher frei vereinbar.

▶ INFO

Die Staffelmiete ist klar und eindeutig, aber auch starr und unflexibel, weil sie zugleich den Ausschluss jeder anderen Mieterhöhung beinhaltet. Bei einer Fehleinschätzung (zu niedrige Erhöhungssätze, die durch eine Inflation aufgefressen werden) kann ein Vermieter während der Laufzeit der Staffelmietvereinbarung diese nicht korrigieren.

Wie Sie die Miete erhöhen können

Erhöhung der Miete aufgrund von Vergleichsmieten

Die am häufigsten genutzte Möglichkeit, den Mietzins für eine Wohnung zu erhöhen, ist die Erhöhung der Miete gemäß §§558, 558 a BGB durch Benennung von *drei Vergleichswohnungen*. Daher wird diese Erhöhungsmöglichkeit im Folgenden ausführlich geschildert.

Die Miete kann man dann erhöhen, »wenn der Mietzins ... seit einem Jahr unverändert ist. Ein Jahr lang muss die Miete unverändert geblieben sein, bevor der Vermieter überhaupt sein Mieterhöhungsverlangen stellen kann. Ein bereits vor Ablauf dieser Jahresfrist zugegangenes Mieterhöhungsverlangen ist unwirksam«. (BGH, Rechtsentscheid, DWW 1993, S. 230ff.)

Dabei beginnt die Sperrfrist erst mit dem Wirksamwerden der letzten Mieterhöhung, nicht mit der Stellung des letzten Mieterhöhungsverlangens.

Eine weitere Voraussetzung ist, dass die verlangte Miete die ortsübliche Vergleichsmiete nicht übersteigt.

> ▶ TIPP
>
> Es ist allerdings nicht ausreichend, in einem Mieterhöhungsverlangen allein auf die ortsübliche Vergleichsmiete zu verweisen.

Die ortsübliche Vergleichsmiete ist gemäß § 558 Abs. 2 BGB der Betrag, der in der Gemeinde oder in vergleichbaren Gemeinden für Wohnraum in vergleichbarer Art, Größe, Ausstattung,

Beschaffenheit und Lage in den letzten vier Jahren als Miete vereinbart oder geändert wurde. Wohnraum, bei dem die Miethöhe durch Gesetz oder im Zusammenhang mit einer Förderzusage festgelegt worden ist, kann zum Vergleich *nicht* herangezogen werden.

Stichtag für die Ermittlung dieser ortsüblichen Vergleichsmiete ist der Tag des Zugangs des Mieterhöhungsverlangens beim Mieter, d. h. wenn das Schreiben des Vermieters beim Mieter eintrifft.

Vorsicht! Ein Erhöhungsschreiben folgenden Inhalts ist **unwirksam:** »Ihre Miete ist seit mehr als zwei Jahren unverändert, die ortsübliche Vergleichsmiete beträgt nunmehr 7,25 € je qm. Sie zahlen aber nur 6,25 € je qm, so dass ich Ihre Miete ab dem 01.Oktober 2006 um 1,00 € auf 7,25 € je qm erhöhe.«

Die »ortsübliche Vergleichsmiete« ist in dem Mieterhöhungsverlangen dem Mieter zu erklären und zu begründen; zur Begründung kann Bezug genommen werden auf

- einen Mietspiegel, § 558 c BGB
- einen qualifizierten Mietspiegel, § 558 d BGB
- eine Auskunft aus einer Mietdatenbank, § 558 e BGB
- ein mit Gründen versehenes Gutachten eines öffentlich bestellten und vereidigten Sachverständigen
- Benennung von mindestens drei vergleichbaren Wohnungen mit den Entgelten.

Die ortsübliche Vergleichsmiete wird in Euro pro qm angegeben. Dieser Euro-Wert je qm multipliziert mit der tatsächlichen Wohnfläche der konkreten Wohnung ergibt dann die Höhe der

> ▶ INFO
>
> Untaugliche und damit rechtlich unwirksame Begründungsmittel sind:
> - Mietkataster der Gemeinden
> - Mietpreisübersichten des Finanzamtes
> - Verkehrswertgutachten über das Grundstück

Miete, die der Vermieter fordern kann. Wichtig ist, dass man mit der Wohnungsgröße rechnet, die die Wohnung tatsächlich hat. Auf die Angabe der Wohnfläche im Mietvertrag kann man regelmäßig nicht zurückgreifen, da diese Angabe vielfach nicht richtig ist.

Den Mietspiegel anwenden

Die Vermieter, die in Gemeinden wohnen, die einen Mietspiegel aufgestellt haben, können auf die in den jeweiligen Mietspiegeln genannten Werte zurückgreifen. Voraussetzung ist, dass

> ▶ INFO
>
> Wer die Mieterhöhung auf einen Mietspiegel stützt, muss die Bezugspunkte für die Einstufung im Mietspiegel genau benennen, so dass der Mieter in der Lage ist, die Berechnung der neuen Miete nachzuvollziehen. Daher ist es dringend zu empfehlen, dem Mieterhöhungsverlangen eine Kopie des Mietspiegels beizufügen und dort das/die Felder deutlich zu kennzeichnen, in die die Wohnung einzuordnen ist.

der Mietspiegel von der Gemeinde oder von Interessenvertretern der Vermieter und der Mieter gemeinsam erstellt oder anerkannt worden ist (§ 558c BGB).

Folgendes sollten Sie beachten: Es ist unbedingt erforderlich, dass die Wohnung auch in die richtige Kategorie eingeordnet wird. Maßgeblich für die Einordnung ist auch der Umfang der Mietsache, wie sie der Vermieter dem Mieter zur Verfügung gestellt hat. Wer als Vermieter eine Wohnung ohne Heizung und/oder Bad vermietet hat, kann sich natürlich nicht auf Kategorie »Wohnung mit Heizung und/oder Bad« beziehen, wenn der Mieter Bad und Heizung selbst eingebaut hat.

Bei der Erstellung des richtigen Mieterhöhungsverlangens wird der Vermieter unter Umständen Hilfe brauchen, die die örtlichen Haus- und Grundeigentümervereine (siehe die wichtigsten Adressen im Anhang Seite 212) zurückgreifen.

> ▶ TIPP
>
> Fragen Sie bei Ihrer Gemeinde oder dem örtlichen Haus- und Grundeigentümerverein, ob es für Ihre Gemeinde einen Mietspiegel gibt.

Der qualifizierte Mietspiegel

Als Begründungsmittel für eine Mieterhöhung gilt auch der qualifizierte Mietspiegel (§ 558 d BGB). Dieser ist ein Mietspiegel, der nach anerkannten *wissenschaftlichen Grundsätzen* erstellt und von der Gemeinde oder von Interessenvertretern der Vermieter und Mieter anerkannt worden ist. Hier bietet sich viel Streitstoff für die Zukunft, denn was ist ein nach »anerkannten wissenschaftlichen Grundsätzen erstellter Mietspiegel«?

Wichtig in diesem Zusammenhang ist: Von Gesetzes wegen (§ 558 d Abs. 3 BGB) wird vermutet, dass die im qualifizierten Mietspiegel bezeichneten Entgelte die ortsübliche Vergleichsmiete wiedergeben. Diese Vermutungswirkung hat auch Auswirkungen auf die Form der Mieterhöhungserklärung und führt zu gesteigerten Anforderungen an ihre Form.

Gibt es nämlich für die Gemeinde einen qualifizierten Mietspiegel und bezieht sich der Vermieter in seiner Mieterhöhungserklärung auf einen einfachen Mietspiegel, auf eine Mietdatenbank, ein Gutachten oder nimmt er auf drei Vergleichswohnungen Bezug und will damit die Miete erhöhen, so muss er noch zusätzlich die Vergleichsmieten, die dem qualifizierten Mietspiegel zu entnehmen sind, angeben (§ 558 a Abs. 3 BGB).

Der Vermieter kann, wenn er der Auffassung ist, dass in seinem Fall die ortsübliche Vergleichsmiete für die betreffende Wohnung höher ist, als im qualifizierten Mietspiegel angegeben, die begehrte Mieterhöhung auf drei Vergleichswohnungen stützen. Er muss in diesem Mieterhöhungsverlangen aber den Mieter auch auf den im qualifizierten Mietspiegel für die Wohnung angegebenen Wert oder die Spanne hinweisen, damit der Mieter erkennen kann, dass ein qualifizierter Mietspiegel besteht und welche Mieterhöhung danach zulässig ist. Der Mieter kann dann anhand des qualifizierten Mietspiegels und der vom Vermieter zusätzlich gegebenen Begründung prüfen, in welchem Umfang er die Mieterhöhung für berechtigt hält oder ihr zustimmen möchte.

Enthält der qualifizierte Mietspiegel überhaupt keine Angaben für die konkrete Wohnung oder genügt er nicht den gesetzlichen Anforderungen, ist der Vermieter in der Wahl des Begründungsmittels frei.

Mietdatenbank

Der Vermieter kann in der Begründung der Mieterhöhung auch auf eine Mietdatenbank zurückgreifen (§ 558 e BGB). Eine Mietdatenbank ist eine zur Ermittlung der ortsüblichen Vergleichsmiete fortlaufend geführte Sammlung von Mieten, die von der Gemeinde **oder** von Interessenvertretern der Vermieter und Mieter gemeinsam geführt oder anerkannt wird und aus der Auskünfte gegeben werden, die für einzelne Wohnungen einen Schluss auf die ortsübliche Vergleichsmiete zulassen.

Das Sachverständigengutachten – nötig zur Ermittlung der Vergleichsmiete

Die sicherste – und auch die teuerste – Möglichkeit ist es, das Mieterhöhungsverlangen durch ein Sachverständigengutachten zu begründen.

Denn der Sachverständige wird in der Regel vorher die Wohnung besichtigen und speziell hierfür ein konkretes Mietwertgutachten erstellen. Dieses Gutachten muss dann dem Erhöhungsverlangen beigefügt werden (Gründe sind zu nennen!).

Nachteil: Der Sachverständige verlangt für die Erstellung seines Gutachtens die übliche Vergütung; je nach Zeitaufwand werden 600,00 € bis 900,00 € an Kosten überschritten. Diese Kosten sind aber vom Mieter nicht zu erstatten.

> **TIPP**
>
> Es ist ausreichend, wenn ein Sachverständiger bei mehreren gleichartigen Wohnungstypen eine Wohnung des Typs besichtigt und dann ein entsprechendes Gutachten für diesen Wohnungstyp abgibt.
> Ein Sachverständigengutachten eignet sich also für die Durchsetzung mehrerer Mieterhöhungen bei mehreren gleichartigen Wohnungen.

Ein Gutachten muss im Übrigen auch zeitnah erstellt worden sein, d. h., ein veraltetes Gutachten reicht nicht aus. Eine Zeitgrenze kann man hierfür pauschal nicht angeben.

Zur fachlichen Qualifikation des Sachverständigen ist zu sagen, dass es notwendig ist, einen öffentlich bestellten oder vereidigten Sachverständigen für die Bewertung von Mieten und Pachten zu wählen.

Vergleichswohnungen

Weitaus häufiger wird jedoch der Vermieter zur Begründung seines Mieterhöhungsverlangens auf die Benennung von drei vergleichbaren Wohnungen zurückgreifen, deren Mieten in den letzten vier Jahren neu vereinbart oder neu erhöht worden sind.

Hierbei müssen Sie mindestens drei Wohnungen benennen, es können aber durchaus mehr sein. Ein oder zwei Wohnungen mehr sind sogar zu empfehlen. Sie sind dann abgesichert gegen sog. »Ausreißer«, d. h., Objekte, die nicht als Vergleichswohnungen anerkannt werden.

Bestreitet nämlich der Mieter die Vergleichbarkeit der benannten Wohnungen, so ist das Gericht an sich verpflichtet, zunächst ein Gutachten zur Frage einzuholen, ob das Mieterhöhungsverlangen überhaupt wirksam ist, d. h., ob die benannten Wohnungen wirklich vergleichbar sind.

> ▶ TIPP
>
> Da es in der Rechtsprechung der örtlichen Amts- und Landgericht erhebliche Unterschiede bezüglich der Vergleichbarkeit gibt, empfehlen wir dem Vermieter, schon im Vorfeld fachkundigen Rat einzuholen.

Wenn Vergleichswohnungen benannt werden, bei denen unterschiedliche Mieten pro qm genommen werden, dann ist die »preisgünstigste Miete« die Miete, auf die der Vermieter die Miete nur erhöhen kann.

Bei unterschiedlichen Miethöhen je qm gibt es also **keinen** »Durchschnittsmietzins«. Die Vergleichswohnungen müssen in **Art, Größe, Ausstattung, Beschaffenheit** und **Lage** der betreffenden Wohnung entsprechen.

Folgende Einstufungen sind zu beachten:

Vergleichsmerkmal »Art«

Dieses Merkmal bezieht sich auf den Gebäude- und Wohnungstyp.

- Wohnungen im Einfamilienhaus oder Bungalow sind nicht mit Wohnungen im Mehrfamilienhaus oder Hochhaus vergleichbar.
- Handelt es sich um eine abgeschlossene Wohnung?

- Handelt es sich um eine Wohnung im Souterrain oder eine Wohnung im Penthouse?
- Die Art des Wohnraumes wird auch durch die Einstufung in Alt- und Neubau bestimmt. Eine Wohnung, die 1959 errichtet wurde, kann nicht mit einer Wohnung verglichen werden, die im Jahr 1990 errichtet wurde.

Im Einzelfall können auch Neubauwohnungen und umfassend renovierte Altbauwohnungen vergleichbar sein (LG Bochum WuM 1982, 18).

Vergleichsmerkmal »Wohnungsgröße«
Sowohl von der Wohnfläche als auch von der Zahl der Wohnräume müssen die Wohnungen vergleichbar sein, d. h. eine Zwei-Zimmer-Wohnung darf auch nur mit einer anderen Zwei-Zimmer-Wohnung verglichen werden.

Berechnet wird die tatsächliche und nicht die im Mietvertrag vereinbarte Wohnfläche.

Loggia und Balkon werden bei der Wohnfläche höchstens mit der Hälfte angerechnet.

Erhebliche Größenabweichungen (bis zu 48 Prozent) der Vergleichsobjekte machen das Zustimmungsverlangen jedoch nicht unzulässig (OLG Schleswig WM 1987, S. 140 ff.). Dieser Rechtsentscheid wird aber nicht von allen Amtsgerichten berücksichtigt.

Vergleichsmerkmal »Ausstattung«
Hierzu gehören alle vom Vermieter eingebauten oder eingerichteten Teile wie z. B. Heizungsart (Ofenheizung, Gasheizung, Gaseinzelöfen, Zentralheizung), Kücheneinrichtung, Sanitärein-

richtung (Bad mit WC, Dusche mit WC, Bad und separates WC), Fußböden (PVC oder Teppichboden, Parkett).

Wohnungen mit einer Gaszentralheizung sind nicht vergleichbar mit denen, die über Außenwandgaseinzelöfen verfügen und die im Bad mit einem Elektrostrahler beheizt werden.

Bei diesem Vergleichsmerkmal sind auch eine vom Vermieter gestellte Möblierung sowie Gemeinschaftseinrichtungen zu berücksichtigen, wie zum Beispiel ein Fahrstuhl.

Auch sind Einfachverglasungen nicht mit Thermopenverglasungen vergleichbar.

> ▶ TIPP
>
> Alle diese Ausstattungsmerkmale müssen vom Vermieter und nicht vom Mieter eingebaut sein.

Vergleichsmerkmal »Beschaffenheit«

Hier kommt es auf die Bauweise, den Zuschnitt der Wohnung und den baulichen Erhaltungszustand der Wohnung und des Hauses an.

Beim Zuschnitt der Wohnung sind Wohnungen, in denen sich gefangene Räume befinden (Räume, die nicht direkt vom Flur aus betreten werden können, sondern nur über ein anderes Zimmer), von geringerem Mietwert.

Vergleichsmerkmal »Lage«

Hier sind die Verhältnisse des Wohngebietes, in dem die Wohnung liegt von Bedeutung, nämlich:

- Stadtzentrum oder Stadtrand
- Wohngebiet oder Gewerbegebiet

- Beeinträchtigung durch Lärm, Staub, Geruch oder viel Frei- und Grünflächen
- Verkehrsanbindung

Zusätzlich zu diesen Wohnwertmerkmalen muss auch die Infrastruktur wie Schule, Kindergarten, Spielplatz, Krankenhäuser etc. berücksichtigt werden.

> ▶ INFO
>
> Bei schriftlicher Formulierung des Mieterhöhungsverlangens kommt es auf eine annähernde Vergleichbarkeit an.

Wo finden Sie die Vergleichswohnungen?

Der Vermieter darf bei der Benennung von Vergleichswohnungen auf Wohnungen aus dem eigenen Bestand oder auf solche aus dem gleichen Haus zurückgreifen. Der Vermieter, der beispielsweise über ein Achtfamilienhaus mit identischen und damit vergleichbaren Wohnungen verfügt, hat natürlich die Möglichkeit, zum Vergleich 3 Wohnungen mit den höchsten Mieten heranzuziehen und so die Mieten bei den anderen Wohnungen anzupassen.

Der Vermieter, der nur über einen geringeren Wohnungsbestand oder gar nur über eine Wohnung verfügt, muss auf fremde Vergleichsmieten in gleichen oder ähnlichen Häusern zurückgreifen.

Sofern Sie Bekannte haben, die ebenfalls vermieten, sollten Sie natürlich zuerst dort nach Vergleichswohnungen suchen.

Wer auf diese Weise nicht an seine Vergleichswohnungen gelangt, kann sich bei den örtlichen Haus- und Grundeigentümervereinen über vergleichbare Wohnungen informieren. Aus datenschutzrechtlichen und sonstigen rechtlichen Gründen dürfen die Haus- und Grundeigentümervereine jedoch Vergleichsmieten nicht an unbeteiligte Dritte herausgeben; es ist daher notwendig, Mitglied zu werden.

Der Inhalt der Mieterhöhungserklärung bei Vergleichswohnungen

Wenn man eine Mieterhöhung aufgrund der 3 Vergleichswohnungen durchführen will, so muss man die Vergleichswohnungen so genau wie möglich in dem Mieterhöhungsschreiben benennen. Der Mieter muss in die Lage versetzt werden, die Angaben des Vermieters zu überprüfen.

> ▶ TIPP
>
> Hinsichtlich der Anforderungen an die Bezeichnung der Vergleichswohnungen in dem Mieterhöhungsverlangen gibt es starke regionale Unterschiede, je nach der jeweiligen Rechtsprechung der Amts- und Landgerichte.
> Als Vermieter sollten Sie aber immer auf Nummer Sicher gehen und daher die Vergleichswohnungen so genau wie möglich benennen.

Auf Seite 84 folgt ein Beispiel für ein Mieterhöhungsschreiben bei Vergleichswohnungen, das auch von einem sehr strengen Richter anerkannt werden sollte.

MUSTERBRIEF **Mieterhöhung**

Wilfried und Brigitte Meier
Am Gericht 12

34699 Bad Zwesten

Einschreiben mit Rückschein

Fam.
Walter u. Lina Schnell
Stichstr. 15 / 4

34117 Kassel

Bad Zwesten, 15.09. 2006

Anpassung der Miete an die ortsübliche Vergleichsmiete

Sehr geehrte Frau Schnell, sehr geehrter Herr Schnell,

aufgrund des ständig gestiegenen Unterhaltungsaufwands für Ihre Mietwohnung machen wir von dem gesetzlich vorgeschriebenen Mieterhöhungsverfahren Gebrauch.
Nach § 558 BGB haben wir Ihnen gegenüber einen Rechtsanspruch auf Erhöhung der bisherigen Nettomiete, wenn der Mietzins seit einem Jahr unverändert ist und der verlangte Mietzins die üblichen Entgelte, die in der Gemeinde für Wohnungen vergleichbarer Art, Größe, Ausstattung, Beschaffenheit und Lage gezahlt werden, nicht übersteigt.

Die Miete für Ihre Wohnung ohne Nebenabgaben (das heißt ohne Umlagen für Heizung, Wasser, Kanal, Schornsteinfeger, Müll usw.) beträgt zur Zeit monatlich 580,00 €. Dies entspricht einer Nettomiete von 7,25 € je Quadratmeterwohnfläche und Monat bei 80 qm.
Die ortsübliche Vergleichsmiete, zu deren Nachweis nach dem Willen des Gesetzgebers die Benennung von 3 anderen vergleichbaren Wohnungen genügt, beträgt 8,25 € je Quadratmeter und Monat.

Das ist bei folgenden vergleichbaren Objekten festzustellen:

1. Wohnung Talstr. 17 in Kassel, 1. Obergeschoss links, Achtfamilienhaus, 3 Zimmer, Küche, Bad, separates WC, Baujahr 1975, Gaszen-

tralheizung, Isolierverglasung, Parkettfußboden im Wohnzimmer, Wohnfläche 105 qm. Die monatliche Miete beträgt hier seit Oktober 2004 934,50 € ohne Nebenkosten, das ergibt eine Nettomiete von 8,90 € pro qm und Monat.

2. Wohnung Seestr. 7 in Kassel, 2. Obergeschoss rechts, Sechsfamilienhaus, 3 Zimmer, Küche, Bad, Zentralheizung, Isolierverglasung, Teppichböden, Baujahr 1980, Wohnfläche 85 qm. Die monatliche Miete beträgt hier seit Januar 2004 701,25 € monatlich ohne Nebenkosten, das ergibt eine Nettomiete von 8,25 € pro qm und Monat.

3. Wohnung Waldstr. 17 in Kassel, Erdgeschoss rechts, Sechsfamilienhaus, Baujahr 1982, 3 Zimmer, Küche, Bad, Etagenheizung, Isolierverglasung, Wohnfläche 92 qm. Die monatliche Miete beträgt hier 782 € ohne Nebenkosten, das ergibt eine Nettomiete von 8,50 € pro qm und Monat, erhoben seit November 2005.

Die oben näher bezeichneten Wohnungen sind hinsichtlich der Art, Größe, Ausstattung, Beschaffenheit und Lage mit Ihrer Wohnung vergleichbar.

Unter Zugrundelegung der vorgenannten Vergleichsmieten bitten wir Sie, einer Erhöhung der Miete von bisher 580,00 € auf 660,00 € – Nebenabgaben wie bisher – ab dem 01. Dezember 2006 zuzustimmen und uns diese Zustimmung auf der beigefügten Durchschrift bis zum 30. November 2006 zu bestätigen.
Geht innerhalb der genannten Frist Ihre Zustimmung nicht ein, so müssen wir die Mieterhöhung gerichtlich geltend machen.

Vorsorglich weisen wir Sie daraufhin, dass die Miete zum Zeitpunkt der Erhöhung seit 15 Monaten unverändert ist und in Kassel ein qualifizierter Mietspiegel nicht existiert.

Mit freundlichen Grüßen

____________________ ____________________

Wilfried Meier Brigitte Meier

Anlage: 1 Anerkennung für Mieterhöhung
(Beide Vermieter müssen unterschreiben!)

Erhöht werden soll die Miete für eine 3-Zimmerwohnung in einem 8-Familienhaus, Baujahr 1973, ausgestattet mit Isolierverglasung, Teppichboden, Gasetagenheizung und einer Wohnfläche von 80 qm.

Obwohl der Vermieter im vorliegenden Beispiel Vergleichswohnungen benannt hat, bei denen die Miete höher als 8,50 € liegt, kann er die Miete jedoch nur auf den Betrag von 8,25 € je

▶ MUSTERBRIEF **Anerkennung einer Mieterhöhung**

Fam. Walter u. Lina Schnell, Stichstr. 15 / 4, 34117 Kassel

An Eheleute
Wilfried und Brigitte Meier
Am Gericht 12

34699 Bad Zwesten

Einverständniserklärung

Mit der geforderten Mieterhöhung auf 660,00 € – ab dem 01.12.2006 sind wir, die unterzeichnenden Eheleute L. und W. Schnell, einverstanden.

Kassel, den ....

Lina Schnell Mieter Walter Schnell

> **TIPP**
>
> Beachten Sie bitte, dass nur solche Vergleichswohnungen herangezogen werden können, bei denen die Miete in den letzten 4 Jahren – vor der ausgesprochenen Erhöhungserklärung – vereinbart oder geändert worden ist. Auf Mieten, die in davor liegenden Jahren vereinbart worden sind, darf man nicht zurückgreifen, auch wenn sie noch höher liegen.

Quadratmeter und Monat erhöhen, weil die Miete der Wohnung 2 nur 8,25 € je Quadratmeter beträgt. Der Vermieter kann nur auf die niedrigste Miete, nämlich 8,25 € je Quadratmeter erhöhen, obwohl er an sich unter Berücksichtigung der zwanzigprozentigen Kappungsgrenze 696,00 € – dies entspricht 8,70 € je Quadratmeter und Monat – verlangen könnte.

Die Kappungsgrenze

Abgesehen von der Wartefrist von einem Jahr gibt es beim Mieterhöhungsverlangen noch weitere Bedingungen, die man zu beachten hat, nämlich die Wahrung der »Kappungsgrenze«.

Die Kappungsgrenze (nach § 558 Abs. 3 BGB) bedeutet, dass der Vermieter die Nettomiete seiner Wohnung auch bei einer höheren ortsüblichen Vergleichsmiete nur um maximal 20 Prozent innerhalb von 3 Jahren erhöhen darf.

So berechnen Sie die Kappungsgrenze: Wenn der Vermieter in dem oben genannten Beispiel nicht den Fehler gemacht hätte, die Wohnung 2 mit der zu geringen Miete zu benennen, so hät-

▶ TIPP

Hat der Vermieter die für ihn maßgebende Kappungsgrenze ausgeschöpft, dann muss er bis zur nächsten Mieterhöhung drei Jahre warten, außer wenn er die Erhöhung mit einer Modernisierung oder mit gestiegenen Betriebs- oder Kapitalkosten begründet. Schöpft der Vermieter die Kappungsgrenze teilweise aus, dann darf er innerhalb der folgenden Jahre nur noch den Unterschiedsbedarf bis zur Kappungsgrenze geltend machen. Wie der Vermieter die Miete innerhalb der 3 Jahre erhöht, ist dabei gleichgültig.

te er – bei einer anderen Vergleichswohnung – die Miete theoretisch einmal um 20 % von 580,00 € auf 696,00 € erhöhen können.

Im obigen Beispiel wäre auch folgende Alternative möglich: Ab 01.12.2006 erhöht der Vermieter die Miete um 10 Prozent auf 638,00 €. Ab 01.02.2007 (Sperrfrist beachten!) erhöht der Vermieter die Miete wiederum, diesmal um 10 Prozent von der jetzigen Ausgangsmiete 638,00 € (um 63,80 €). Er kommt damit

▶ INFO

So ermitteln Sie die aktuelle Kappungsgrenze: Rechnen Sie vom Datum der Wirksamkeit der gerade abgesandten Mieterhöhung 3 Jahre zurück. Auf den damals gezahlten Nettomietzins schlagen Sie den zulässigen Prozentsatz von 20 Prozent auf. Der errechnete Betrag entspricht dem maximal zulässigen Mieterhöhungsbetrag.

auf eine neue Nettomiete in Höhe von 701,80 €. Diese Miete darf er nicht verlangen, sondern nur 696,00 € da er ja zum 01.12.2006 bereits die Miete erhöht hatte. Die Ausgangsmiete vom 580,00 € darf innerhalb eines Zeitraumes von 3 Jahren nur um maximal 20 Prozent erhöht werden: 20 Prozent Erhöhung bezogen auf 580,00 € ergibt 696,00 €.

In diese Berechnung fließen aber nicht die Mieterhöhungen ein, die in dem Dreijahreszeitraum aufgrund von Modernisierung oder einer Steigerung der Betriebskosten möglich sind.

Wenn in einem Dreijahreszeitraum Mieterhöhungen z. B. wegen Modernisierung erfolgten, sind die entsprechenden Erhöhungsbeträge herauszurechnen, die Miete wird bis zur Kappungsgrenze erhöht – natürlich unter Berücksichtigung der ortsüblichen Vergleichsmiete –, und anschließend wird der vorher herausgerechnete Betrag aufgeschlagen.

Wenn der Vermieter den Kostenaufwand für eine Modernisierung in ein Mieterhöhungsverlangen einbezieht und die Anhebung der Miete auf die Vergleichsmiete nach dem Stand der durch die Modernisierung verbesserten Wohnung verlangt, so sind die an sich umlagefähigen Modernisierungskosten bei der Berechnung der Kappungsgrenze wieder herauszurechnen (OLG Hamm, NJW-RR 1993, Seite 399).

Der Vermieter muss also zwei Grenzen grundsätzlich berücksichtigen,

- die ortsübliche Vergleichsmiete und
- die Kappungsgrenze

Unabhängig von der 20-prozentigen Kappungsgrenze sind die Grenzen für Mietpreisüberhöhung und Wucher zu beachten.

Sonderregelungen bestehen nach dem § 558 Abs. 4 BGB für die Fälle, in denen der Mieter aufgrund der Vorschriften über Abbau der Fehlsubventionierung im Wohnungswesen zu einer Ausgleichszahlung, einer so genannten Fehlbelegungsabgabe, verpflichtet war und die Mietzinserhöhung nach § 558 BGB den Betrag der Fehlbelegungsabgabe nicht übersteigt. In diesem Fall sind die gesetzlichen Regelungen über die Kappungsgrenze insgesamt nicht anwendbar; der Vermieter kann den Mietzins ohne Rücksicht auf Kappungsgrenzen bis zur Höhe der bisherigen Fehlbelegungsabgabe des Mieters – mehrfach – erhöhen, begrenzt durch die ortsübliche Vergleichsmiete.

Fristen, die zu beachten sind

Wenn der Vermieter das Mieterhöhungsverlangen formuliert hat und es auch geschafft hat, die richtige Kappungsgrenze zu berechnen, muss er noch bestimmte Fristen beachten. Nach Zugang des Mieterhöhungsverlangens (der Vermieter muss den Zugang beweisen, hierzu verweisen wir wieder auf die entsprechenden Ausführungen zur Kündigung – *siehe S. 106ff.*) hat der Mieter zunächst einmal eine Überlegungsfrist bis zum Ablauf des 2. Kalendermonats nach Zugang des Mieterhöhungsverlangens (§ 558 Abs. 2 BGB).

Im genannten Beispiel wurde die Mieterhöhungserklärung am *15.09.2006* geschrieben, dies muss bis zum 30.09.2006 dem Mieter zugegangen sein. Dann muss der Mieter bis zum

30.11.2006 zustimmen, damit das Mieterhöhungsverlangen wirksam ist.

Nach Erteilung der Zustimmung (*alle Mieter müssen zustimmen!*) schuldet der Mieter die neue, erhöhte Nettomiete vom Beginn des 3. Kalendermonats an, der auf den Zugang des Erhöhungsverlangens folgt, also ab dem 01.12.2006 (§558 b Abs. 1 BGB).

Wenn der Mieter der Erhöhung nicht zustimmt, so muss der Vermieter bis zum Ablauf von weiteren drei Kalendermonaten auf Erteilung der Zustimmung klagen.

▶ INFO

Die genannte dreimonatige Klagefrist beginnt immer zu laufen, wenn die Zustimmungsfrist des Mieters abgelaufen ist, also mit Ablauf des 2. Kalendermonats, der auf den Zugang des Verlangens folgt. Setzt man dem Mieter als Vermieter eine längere Überlegungsfrist als die vollen 2 Monate, dann gilt trotzdem die Klagefrist des § 558 b Abs. 2 BGB.

Im vorliegenden Beispielsfall muss der Vermieter die Klage bis zum 28. Februar 2007 bei Gericht eingereicht und die Gerichtskosten eingezahlt haben, damit die Klage alsbald zugestellt wird. Versäumt der Vermieter die Klagefrist, so ist das Mieterhöhungsverlangen unwirksam. Der Vermieter kann den Fehler nicht mehr rückgängig machen, er muss jetzt eine neue Mieterhöhung mit neuen Fristen erklären.

Die Inklusivmiete = Nettomiete + Betriebskosten

Wie den bisherigen Ausführungen zu entnehmen ist, kann man aufgrund des § 558 BGB die Nettomiete ohne Betriebskosten erhöhen. Teilweise ist in den Mietverträgen jedoch keine Trennung zwischen der Nettomiete und Betriebskostenvorauszahlung vorgenommen worden (= Inklusivmiete).

Diese ist schon dann gegeben, wenn der Vermieter neben der Nettomiete nur »Wasser, Abwasser und Müll« umlegt.

Alle anderen umlegbaren Betriebskosten (Schornsteinfeger, Versicherung, Grundsteuer, etc.) sind Teil der »Inklusivmiete«. Bei derartigen Mietverträgen ergeben sich dann zahlreiche Probleme bei der Ermittlung der ortsüblichen Vergleichsmiete und der Kappungsgrenze.

Zunächst einmal müssen aus der gegenwärtigen (Teil-)Inklusivmiete die darin enthaltenen Betriebskostenanteile herausgerechnet werden. Danach muss die echte Grundmiete bis zur ortsüblichen Vergleichsmiete (unter Berücksichtigung der Kappungsgrenze) erhöht werden, und anschließend wird der vorher herausgerechnete Betriebskostenanteil auf die neue Grundmiete aufgeschlagen. Man erhält dann die neue (Teil-)Inklusivmiete.

Bisher war die Rechtssprechung der Amts- und Landgerichte uneinheitlich. Aufgrund eines Rechtsentscheids des OLG Frankfurt/M. (NZM 1999, 759) ist die Streitfrage jetzt entschieden: Gegenüber dem Mieterhöhungsverlangen kann sich der Mieter nicht auf ein Zurückbehaltungsrecht wegen Mängeln in der Mietsache berufen. Er muss der Mieterhöhung zustimmen. Allerdings kann der Mieter bei vorliegenden Mängeln dann die erhöhte Miete mindern.

TIPP

Erkundigen Sie sich bei Ihrem örtlichen Grundeigentümerverein nach der üblichen Rechtsprechung.

Wenn der Mieter dem Mieterhöhungsverlangen nicht zugestimmt hat, dann muss der Vermieter zunächst auf Zustimmung zur Mieterhöhung klagen. Das Gericht kann das Mieterhöhungsverlangen des Vermieters sowohl inhaltlich als auch hinsichtlich der Höhe der ortsüblichen Vergleichsmiete durch ein Sachverständigengutachten überprüfen. Kommt das Gericht zu dem Ergebnis, dass die Forderung des Vermieters berechtigt ist, dann wird der Mieter zur Zustimmung zur Mieterhöhung verurteilt. Gibt das Urteil der Klage ganz oder teilweise statt, so gilt im Umfang des Erfolges der Klage die Zustimmungserklärung des Mieters als abgegeben (§ 894 Zivilprozessordnung).

Dann schuldet der Mieter erst den erhöhten Mietzins von dem in § 558 b Abs.1 BGB genannten Zeitpunkt ab, im Beispiel (S. 84) ab dem 01.12. 2006.

Zahlt der Mieter nicht freiwillig, muss der Vermieter Zahlungsklage erheben. Zustimmungs- und Zahlungsklage können nicht miteinander verbunden werden.

Bei der Mieterhöhung ist der Mieter berechtigt, bis zum Ablauf des 2. Monats, der auf den Zugang des Erhöhungsverlangens folgt, für den Ablauf des übernächsten Monats zu kündigen (§ 561 BGB). Wenn der Mieter kündigt, kann keine Mieterhöhung erfolgen.

Der Vermieter hat dann ein Kündigungsrecht, wenn der Mieter zur Zahlung des erhöhten Mietzinses verurteilt wurde, aber nicht zahlt.

Wegen des Zahlungsverzuges des Mieters kann der Vermieter aber nicht vor Ablauf von zwei Monaten nach rechtskräftiger Verurteilung zur Zahlung des erhöhten Mietzinses kündigen.

Hat der Mieter den bisher schon geschuldeten Mietzins nicht gezahlt, kann der Vermieter wegen dieses Mietrückstandes jederzeit kündigen.

Die Mieterhöhung bei Modernisierung

Was versteht man unter Modernisierung?

Nach einer Modernisierung darf ein Vermieter die Miete erhöhen. Dazu kann er eine Mieterhöhung über das Vergleichsmietensystem aufgrund des verbesserten Wohnwertes wählen (§ 558 BGB).

Der andere Weg führt über § 559 BGB, wenn der Vermieter bauliche Maßnahmen durchgeführt hat, die

- den Gebrauchswert der Mietsache nachhaltig erhöhen,
- die allgemeinen Wohnverhältnisse auf Dauer verbessern,
- nachhaltig Einsparungen von Energie oder Wasser bewirken (Modernisierung), oder
- wenn er »andere bauliche Maßnahmen aufgrund von Umständen, die er nicht zu vertreten hat, durchgeführt« hat.

Eine **bauliche Maßnahme**, die den Gebrauchswert der Wohnung nachhaltig erhöht, ist z. B.

- der Einbau eines Bades,
- der Einbau einer Dusche,
- die Installation einer Wechselsprechanlage in Wohnungen, in denen diese Ausstattungen bisher nicht vorhanden waren.

Nachhaltige Einsparung von Energie ist dann gegeben, wenn

- anstelle von Einfachfenstern moderne Isolierglasfenster eingebaut werden,
- anstelle von Kohleeinzelöfen eine Gaszentralheizung oder ein Niedertemperaturkessel installiert wird.

Der dritte Grund zur Erhöhung ist die Durchführung von baulichen Veränderungen, zu denen der Vermieter aufgrund gesetzlicher Bestimmungen und behördlicher Anordnungen gezwungen wird (z. B. Einbauten zur Verbesserung des Immissionsschutzes).

Der Vermieter kann dann 11 Prozent der ihm entstandenen Kosten pro Jahr auf den Mietpreis umlegen. $^1/_{12}$ dieses Betrages ergibt dann die monatliche Mieterhöhung.

Er muss jedoch Folgendes beachten:

- Werden im Zuge der Modernisierungsmaßnahmen Instandsetzungskosten erspart, die ansonsten erforderlich gewesen wären, dann muss der Vermieter die ersparten Instandsetzungskosten abziehen.
  Beispiel: Hätten die Rahmen der einfach verglasten Fenster teilweise ersetzt und gestrichen werden müssen, so muss der Vermieter bei Einbau von Wärmeschutzverglasung die voraussichtlich entstandenen Kosten der Streichens und Reparierens in Abzug bringen.
- Zuschüsse oder Darlehen, die der Vermieter von Dritten erhält, sind von den in Rechnung gestellten Kosten abzuziehen (§ 559 a BGB).
  Beispiele: Der Vermieter eines Hauses an einer stark befahrenen Straße oder Autobahn erhält vom Staat einen Zu-

schuss für den Einbau von Schallschutzfenstern. Dieser Zuschuss ist in Abzug zu bringen.
Bei einem zinsverbilligten Darlehen muss berücksichtigt werden, dass die Einsparung, die sich gegenüber dem üblichen Marktzins ergibt, von dem Erhöhungsbetrag abzuziehen ist.

- Luxusmodernisierungen sind nicht vom Mieter zu zahlen.
- Wirtschaftlichkeitsgesichtspunkt: Viele Gerichte verlangen, dass die Modernisierung unter wirtschaftlichen Aspekten sinnvoll ist.
  Beispiel: Eine bauliche Maßnahme, die zur Einsparung von Heizenergie führen soll, verstößt gegen das Gebot der Wirtschaftlichkeit, wenn die hierauf gestützte Mietzinserhöhung die Einsparung an Heizöl um mehr als 200 Prozent übersteigt (OLG Karlsruhe, Rechtsentscheid WM 1985, 17). In diesem Fall wird dem Vermieter zwar nicht der Mieterhöhungsanspruch vollständig versagt, es werden aber nur die Kosten als umlagefähig angesehen, die auch bei Berücksichtigung der Wirtschaftlichkeitsgrundsätze entstanden wären. Auch bei dieser Mieterhöhung wird von der Rechtsprechung verlangt, dass die Mieterhöhung wegen Modernisierung die ortsübliche Vergleichsmiete nur um maximal 20 Prozent überschreiten darf (siehe § 5 Wirtschaftsstrafgesetz).

Wie wird die Miete erhöht?

Eine Erhöhungserklärung wegen Modernisierung mit dem Satz *»Nach Durchführung der Modernisierung der Heizung erhöhe ich unter Hinweis auf § 559 BGB die Miete ab 01.10.2006 um 50,00 €«* ist für den Papierkorb bestimmt.

Denn: Würde der Vermieter die notwendigen Formerfordernisse beachten, wäre der Mieter bei einer Mieterhöhung nach § 559 BGB unmittelbar zur Zahlung verpflichtet.

Aber Achtung: Bei dieser Mieterhöhungserklärung muss der Vermieter schon im Vorfeld tätig werden, weil er nämlich

a) die Modernisierungsmaßnahme dem Mieter schriftlich nach § 554 Abs. 3 BGB ankündigen muss
b) dem Mieter die zu erwartende Erhöhung des Mietzinses zugleich mitteilen muss.

Zu a): Der Vermieter muss dem Mieter drei Monate vor Beginn der Modernisierungsmaßnahmen deren Art, Umfang, Beginn und voraussichtliche Dauer sowie die zu erwartende Mieterhöhung schriftlich mitteilen.

Geschieht dies nicht, so muss der Mieter die Durchführung von Modernisierungsmaßnahmen nicht dulden. Zudem verzögert sich das Recht des Vermieters auf Durchführung der Mieterhöhung unmittelbar im Anschluss an die Beendigung der Modernisierung.

Die richtige Ankündigung und Mieterhöhungserklärung des Vermieters hat die Wirkung, dass von dem Beginn des auf die Erklärung folgenden übernächsten Monats der erhöhte Mietzins zu zahlen ist.

Diese Frist verlängert sich aber um 6 Monate, wenn der Vermieter die Ankündigung der Modernisierung und Erhöhung der Miete nicht ordnungsgemäß mitgeteilt hat (§ 559 b Abs. 2 Satz 2 BGB).

Zu b): Wenn der Vermieter die zu erwartende Mieterhöhung angibt, dann muss diese auch relativ genau sein, denn wenn die

> **BEISPIEL**
>
> Der Vermieter will im August eine neue Heizung einbauen. Dann muss er spätestens bis zum 30.04. des Jahres die Ankündigung der Mieterhöhung nebst Berechnung der voraussichtlichen Mieterhöhung an den Mieter abgeschickt haben. Wenn die Baumaßnahme im September beendet ist, dann kann der Vermieter die konkrete Mieterhöhung berechnen. Trifft der Brief im September ein, dann muss der Mieter die erhöhte Miete ab 01. Dezember zahlen.

tatsächliche Mieterhöhung gegenüber der Mitteilung um mehr als 10 Prozent nach oben abweicht, verschiebt sich der Beginn der Mieterhöhung auch um 6 Monate.

Form und Voraussetzung der Erhöhungserklärung

1. Die baulichen Maßnahmen und auch alle Nebenarbeiten müssen beendet sein, bevor die Erklärung zugestellt werden kann. Eine frühere Erklärung ist unwirksam!
2. Es dürfen die tatsächlich entstandenen Kosten für die gesamte Baumaßnahme abgerechnet werden, zum Beispiel die tatsächlichen Einbaukosten für die Fenster, die Kosten für die Beiputzarbeiten und sogar die Architektenkosten, wenn die Einschaltung eines Architekten erforderlich war.
3. Die eingesparten Instandhaltungskosten müssen in Abzug gebracht werden.
4. Die Erhöhung muss konkret begründet werden.

5. Nur die für die Wohnung tatsächlichen Kosten dürfen berechnet werden.

BEISPIEL

Werden im gesamten Haus die Fenster modernisiert, diese sind aber in den einzelnen Wohnungen unterschiedlich groß, so können nur die Kosten für die in der jeweiligen Wohnung tatsächlich eingebauten Fenster umgelegt werden.

MUSTERBRIEF Erhöhungserklärung

Absender (Alle Vermieter)

Anschrift der Mieter (alle Mieter aufführen)

20.09.2006

Einbau einer Heizungsanlage

Sehr geehrte/r... (alle Mieter)
mit Schreiben vom 15.05.2006 hatte ich Ihnen mitgeteilt, dass in Ihrer Wohnung die vorhandenen Kohleheizöfen gegen eine Gasetagenheizung ausgetauscht werden sollen. Zugleich hatte ich Ihnen die voraussichtliche Mieterhöhung genannt.
Die Baumaßnahmen sind am 15.09.2006 beendet worden.
In Ihrer Wohnung wurden die alten Kohleeinzelöfen entfernt, es wurden eine Gastherme gesetzt sowie in jedem Zimmer ein Heizkörper installiert.

Es handelt sich dabei um eine Maßnahme nach § 559 BGB, da der Gebrauchswert die Mietsache nachhaltig erhöht und die allgemeinen Wohnverhältnisse auf Dauer verbessert wurden.

Die Gesamtkosten belaufen sich wie folgt:

Entfernen und Entsorgen der Kohleeinzelöfen	1020,00 €
Gastherme und Heizkörper samt Montage	6540,00 €
Stemm- und Putzarbeiten für die Mauerdurchbrüche und verlegten Rohre	1077,00 €
Gesamtaufwand	8637,00 €
abzüglich Zuschuss der Stadt C-Dorf aus dem allgemeinen Sanierungsfonds	– 1000,00 €
abzüglich gesparte Reparaturkosten für den Kohleofen im Wohnzimmer gemäß Angebot des Unternehmers D	– 370,00 €
Gesamtkosten	7267,00 €

Gemäß § 559 BGB kann ich aufgrund dieser Kosten eine Erhöhung der jährlichen Miete um 11 vom Hundert der Gesamtkosten verlangen. Der Jahresbetrag beträgt danach 799,37 €. Der umlagefähige Betrag für die monatliche Miete beträgt damit 66,61 €.
Ich erhöhe aufgrund der durchgeführten Maßnahmen daher die Miete ab dem 01. Dezember 2006 um den Betrag von 66,61 DM.
Die Kopien der Rechnungen sind als Anlage beigefügt.
Der Vollständigkeit halber wird zu Ihrer Information eine Berechnung der vollständig erhöhten Monatsmiete beigefügt:

Nettomiete bisher	600,00 €
Erhöhungsbetrag gemäß § 559 BGB	66,61€
Betriebskostenvorauszahlung, wie bisher	120,00 €
Heizkostenvorauszahlung wie bisher	100,00 €
Bruttozahlung ab 1. Dezember 2006	886,60 €

Mit freundlichen Grüßen

____

(alle Vermieter)

Es empfiehlt sich, dem Mieter diese Gesamtaufstellung zu übermitteln, damit keine Unklarheiten entstehen.

Betriebskosten und Erhöhung der Betriebskosten

Die Betriebskosten können sich im Laufe der Mietzeit verändern, und die Möglichkeit der Anpassung der Betriebskostenpauschalen und Betriebskostenvorauszahlungen ist in § 560 BGB unter dem Stichwort »Veränderung von Betriebskosten« aufgeführt.

Sowohl die Anpassung der Pauschale als auch der Vorauszahlung ist geregelt.

Anpassung der Betriebskostenvorauszahlung

Wenn Betriebskostenvorauszahlungen im Mietvertrag vereinbart wurden – was ausnahmslos der Fall sein sollte! –, so können diese Vorauszahlungen unter folgenden Bedingungen angepasst werden (§560 Abs. 4 BGB): Jede Vertragspartei kann die Anpassung vornehmen

- nach einer Abrechnung der Betriebskosten
- durch eine Erklärung in Textform
- auf eine angemessene Höhe.

Sowohl Vermieter als auch Mieter können die Anpassung erklären, denn es kann nicht nur eine Erhöhung, sondern auch eine Herabsetzung der Betriebskostenvorauszahlung erklärt werden.

Bei einer Erhöhung der Betriebskosten musste der Grund für die Mehrbelastung bezeichnet und erläutert werden. Nach dem Gesetzestext ist diese Verpflichtung entfallen. Bei einer Erhöhung während der laufenden Abrechnungsperiode muss der Grund für die Mehrbelastung jedoch angegeben werden.

Betriebskostenpauschale

Sofern neben der Nettomiete eine Betriebskostenpauschale vereinbart ist, kann der Vermieter eine Erhöhung der Betriebskosten gemäß § 560 Abs. 1 BGB anteilig auf den Mieter umlegen, wenn

- im Mietvertrag die Möglichkeit zur Erhöhung der Betriebskostenpauschale vereinbart ist,
- in der Erhöhungserklärung der Grund für die Umlage bezeichnet und erläutert wird.

Wenn sich beispielsweise die Gebühren der Müllabfuhr erhöht haben, dann muss schriftlich auf das entsprechende Anschreiben des Versorgungsbetriebes oder den Gebührenbescheid verwiesen werden. Der alte und der neue Umlagebetrag ist auszuführen und auch die Differenz anzugeben. Man kann das Anschreiben/Bescheid auch als Fotokopie beifügen, muss dann aber ausdrücklich darauf Bezug nehmen.

Der Mieter schuldet die Umlage mit Beginn des auf die Erklärung folgenden übernächsten Monats (§ 560 Abs. 2 BGB). Wird die Erhöhungserklärung daher im Mai eines Jahres wirksam dem Mieter zugesandt, so muss er den erhöhten Betrag ab Juli des Jahres zahlen. Soweit es um eine rückwirkende Erhöhung der Betriebskostenpauschale geht, muss der Vermieter die Erklärung innerhalb von 3 Monaten nach Kenntnis der Erhöhung abgeben.

Die Indexmiete – eine Anpassung an die Preisentwicklung

Durch schriftliche Vereinbarung können Sie mit dem Mieter vereinbaren, dass die Miete durch den vom Statistischen Bundesamt ermittelten Preisindex für Lebenshaltung aller privaten Haushalte in Deutschland bestimmt wird (§ 557 b BGB).

Diese Möglichkeit zur Mieterhöhung können Sie als Vermieter nur aufgrund einer schriftlichen Vereinbarung zwischen Ihnen und dem Mieter gleich bei Beginn des Mietverhältnisses oder als spätere Mietanpassungsvereinbarung treffen. Sie als Vermieter können den Mieter aber nicht zwingen, diese Vereinbarung in neuen Mietverträgen oder durch Änderung bestehender Verträge zu unterzeichnen.

Bei Vereinbarung der Indexmiete müssen Sie Folgendes beachten:

- Die Miete muss während der Geltungsdauer der Mietanpassungsverhandlung grundsätzlich ein Jahr unverändert bleiben, bevor eine neue Anpassung erfolgen kann.
- Während der Dauer der Geltung der Indexmiete ist eine andere Mieterhöhung wegen Anpassung an die Vergleichsmieten nicht möglich.
- Eine Mieterhöhung wegen Modernisierung ist nur dann möglich, wenn der Vermieter bauliche Veränderungen aufgrund von Umständen durchführt, die er nicht zu vertreten hat.

Diese **Erhöhungserklärung** muss von dem Vermieter – wie auch in allen anderen Fällen – detailliert dargelegt und begründet werden, das heißt, der Vermieter muss die Änderung der maßgeblichen Bezugsgrößen (der entsprechenden Indexzahlen) sowie die jeweilige Miete oder die Erhöhung in einem Geldbetrag in Textform schriftlich angeben. Der Mieter muss dann den erhöhten Mietzins von Beginn des auf die Erklärung folgenden übernächsten Monats an zahlen. Geht diese Erklärung dem Mieter am 20. Juli 2006 zu, so muss er die erhöhte Miete ab dem 1. September 2006 bezahlen.

Wenn der Vermieter eine Mieterhöhung durch Anpassung an die ortsübliche Vergleichsmiete oder aufgrund von Modernisierung geltend macht (§§ 558 oder 559 BGB), kann der Mieter bis zum Ablauf des zweiten Monats nach Zugang der Mieterhöhungserklärung das Mietverhältnis außerordentlich zum Ablauf des übernächsten Monats kündigen (§ 561 BGB). Die Mieterhöhung tritt dann nach erfolgter Kündigung des Mieters nicht ein.

Beendigung des Mietverhältnisses

Das Mietverhältnis endet durch

- Kündigung, wenn das Mietverhältnis auf unbestimmte Zeit abgeschlossen wurde (§ 564 BGB),
- Zeitablauf, wenn die Parteien einen wirksamen Zeitmietvertrag (siehe S. 30f.) abgeschlossen haben,
- Abschluss eines Mietaufhebungsvertrags (dazu haben die Mietvertragsparteien jederzeit die Möglichkeit),
- eine außerordentliche Kündigung, die vor allem bei Störungen während der Abwicklung des Vertragsverhältnisses greift.

Die Kündigung – der häufigste Fall der Beendigung des Mietverhältnisses

Die Kündigung ist eine einseitige Willenserklärung, die immer schriftlich mitzuteilen ist. Sie wird erst dann wirksam, wenn sie demjenigen, für den sie bestimmt ist, auch tatsächlich zugegangen ist.

Die Kündigung als empfangsbedürftige Willenserklärung gilt erst dann als zugegangen, wenn sie tatsächlich bei dem Empfänger eingegangen ist und dieser die Möglichkeit hatte, den Inhalt des Schreibens zu erfahren.

Die Kündigung muss zugehen

Das bedeutet, dass allein die Absendung eines Kündigungsbriefes nicht genügt, um den Zugang des Schreibens bei dem Empfänger nachzuweisen.

> **▶ TIPP**
>
> Kündigungserklärungen sollte man mindestens als Einwurfeinschreiben oder besser als Übergabe-Einschreiben mit Rückschein absenden. Übergabe-Einschreiben werden nur gegen eine Empfangsbestätigung dem Adressaten oder einem Familienangehörigen ausgehändigt. Unterschreibt der Adressat, dann ist die Kündigung wirksam. Dem Absender wird die Empfangsbestätigung wieder zugeschickt.

Ist der Empfänger des Briefes aber zum Zeitpunkt des Postzustellers nicht anwesend, so wird dem Empfänger lediglich ein Benachrichtigungsschein zugestellt und das Einschreiben 14 Tage bei der Post zur Abholung bereitgelegt.

Dieser Benachrichtigungszettel ist jedoch kein Beweis dafür, dass das Schreiben dem Adressaten auch tatsächlich zugegangen ist. Erst wenn das Einschreiben dem Empfänger dann vom Postamt ausgehändigt wird, ist das Kündigungsschreiben zugegangen.

Was aber, wenn der Adressat trotz des Benachrichtigungsscheines das Einschreiben beim Postamt nicht abholt?

Gerichte haben entschieden, dass das Nichtabholen einer Einschreibesendung als Zugangsvereitelung gewertet werden kann. Der Adressat eines Einschreibens, der das Abholen dieses Einschreibebriefes unterlässt, wird dann vom Recht her so behandelt, als ob ihm der Brief zugegangen wäre. (BGH NJW 1977, Seite 104; LG Freiburg NZM 2004, S. 617)

Wie ist die gerichtliche Alltagspraxis?

Man sollte aber auf diese Rechtsprechung nicht vertrauen, denn gerade Amtsrichter sehen das etwas enger und lassen den zurückgegangenen Einschreibebrief mit dem Zusatz »Lagerfrist abgelaufen, nicht abgeholt« nicht als Nachweis für die Vereitelung des Zuganges gelten. Denn streng genommen muss ja auch bewiesen werden, dass der Adressat den Benachrichtigungsschein tatsächlich erhalten hat (er muss im Briefkasten eingelegt werden); darüber hinaus muss der Adressat des Kündigungsschreibens die Abholung des Briefes »missbräuchlich« unterlassen haben, was aber nur schwer zu beweisen ist. Schon aus diesen Gründen sollte man nicht darauf vertrauen, dass ein Einschreiben / Einschreiben mit Rückschein den Empfänger tatsächlich erreicht.

Direkte Übergabe

Wenn man eine Kündigung wirksam zugehen lassen will, dann gibt es **drei** Möglichkeiten, nämlich die Zustellung des Kündigungsschreibens durch einen Boten, durch den Gerichtsvollzieher oder private Zustellung mit einem Zeugen.

Was muss man als Vermieter bei Einsetzung eines Boten beachten?

Ein Bote kann niemals die Person sein, die die Kündigung erklärt. Es muss sich bei dem Überbringer immer um eine neutrale Person handeln, die gegebenenfalls in einem Prozess als

> **TIPP**
>
> Am sichersten ist es, wenn sich der Bote den Empfang des Kündigungsschreibens durch den Mieter quittieren lässt.

Zeuge aussagen kann und bestätigen kann, dass der Adressat des Kündigungsschreibens die Kündigung tatsächlich durch Übergabe erhalten hat. Damit ist auch sichergestellt, dass die Kündigung und nicht irgendein belangloses Schreiben übergeben wurde.

Die Übergabe des Briefes sollte der Bote dann aber auch nach Tag und Uhrzeit auf einer Kopie des Kündigungsschreibens vermerken.

Besser: Zustellung durch den Gerichtsvollzieher

Nach dem Gesetz (§ 132 Abs. 1 BGB) gilt eine Willenserklärung auch dann als zugegangen, wenn sie durch Vermittlung des Gerichtsvollziehers zugestellt worden ist, wobei die Zustellung nach den Vorschriften der Zivilprozessordnung erfolgt (§ 166ff. ZPO).

Wird dieser Weg gewählt, dann ist es für den Beweis des Zuganges unerheblich, ob der Adressat des Kündigungsschreibens den Inhalt des Schreibens tatsächlich gelesen hat oder nicht. Verweigert der Adressat die Übernahme des Schriftstückes oder ist der Adressat nicht anwesend, so erfolgt eine Ersatzzustellung »durch Niederlegung« (ZPO, § 183).

Auf einer so genannten Zustellungsurkunde vermerkt der jeweilige Briefzusteller die Niederlegung mit dem entsprechenden Tag, und damit ist der Zugang des Schreibens, also der Kündigung, nachgewiesen (§ 191, 195 Abs. 2, ZPO).

Diese Zustellungsform kann nur der Gerichtsvollzieher veranlassen. Bei jedem Amtsgericht gibt es eine Verteilungsstelle für Gerichtsvollzieheraufträge. Dieser Stelle kann man den Auftrag zur Zustellung eines bestimmten Schriftstückes an einen Adressaten übermitteln. Die Kosten belaufen sich auf 20 bis 30 €.

Auch möglich: Private Zustellung, aber immer mit einem Zeugen

Die Einlegung des Kündigungsschriftstücks in den Wohnungsbriefkasten des Empfängers ist möglich; mit dem Einwurf in den Wohnungsbriefkasten ist der Zugang erfolgt.

Dies sollte aber nur in Gegenwart eines neutralen Zeugen erfolgen, der nicht selbst Vermieter ist.

Dieser Zeuge muss natürlich notwendigerweise zuvor das Schreiben, das in den Briefkasten gelegt wird, auch gelesen haben. Danach sollte über den Einwurf ein entsprechender Vermerk erstellt werden, und dieser Vermerk sollte von dem Zeugen unter Angabe von Ort, Datum und Uhrzeit unterzeichnet werden.

▶ TIPP

Machen Sie diesen Vermerk am besten auf eine Kopie des Kündigungsschreibens.

Übrigens: Auch Ehepartner können Zeugen sein, wenn sie nicht selbst Vermieter sind.

Wie kann gekündigt werden?

Sie müssen die Kündigung **schriftlich** erklären. Achten Sie dabei unbedingt auf eine eindeutige Aussage.

Seite 112 zeigt eine vereinfachte Musterkündigung. Die ausführliche Musterkündigung finden Sie auf Seite 116f.

Wer kann die Kündigung erklären?

Viele Kündigungen scheitern schon daran, dass nicht der »Vermieter« gekündigt hat, sondern nur ein Bevollmächtigter oder nur einer von mehreren Vermietern. Immer die Person, die den Mietvertrag unterschrieben hat, muss auch die Kündigung unterzeichnen. Ist dies eine Einzelperson, so unterschreibt diese die Kündigung. Sind es mehrere Personen (z. B. ein Ehepaar), so müssen alle die Kündigung unterschreiben.

> **TIPP**
>
> Das müssen Sie bei einer Kündigung noch beachten:
> - Die Kündigung muss eigenhändig von dem oder den Kündigenden unterschrieben werden. Eine mechanische oder faksimilierte Unterschrift (Schreibautomat) reicht nicht aus.
> - Gibt es mehrere Vermieter (z. B. Ehepaar, Geschwister), dann müssen alle die Kündigung unterschreiben.
> - Eine Kündigung durch Telefax oder Telegramm ist unwirksam, da das Original beim Absender verbleibt.

▶ MUSTERBRIEF **Kündigung**

Karl-Heinz und Lina Schnell
Buchenstr. 4
34567 Bergdorf
Tel. 0123 / 4567

Einschreiben per Rückschein

Herrn und Frau
Dieter und Anna Frey
Ahornweg 15
34567 Bergdorf

15. September 2006

Kündigung

Sehr geehrter Herrn und Frau Frey,
hiermit kündigen wir Ihnen nach § 573 Abs.2 BGB zum 31. Dezember 2006 das Mietverhältnis über die Räume Ahornweg 15, Erdgeschoss links, in 34567 Bergdorf.

(Hier folgt die Begründung.)

Eine stillschweigende Verlängerung des Mietverhältnisses gemäß § 545 BGB wird ausdrücklich abgelehnt.
Der Widerspruch muss schriftlich erklärt werden und muss uns spätestens bis zum 31. Oktober 2006 zugegangen sein.

Für den Fall, dass Sie gegen die fristgerechte Kündigung Widerspruch erheben, fordern wir Sie jetzt schon auf, die Gründe für den Widerspruch zu benennen.

Mit freundlichen Grüßen

Karl-Heinz Schnell   Lina Schnell

Ehepaare vermieten gemeinsam eine Wohnung.

Viele Ehepaare vermieten gemeinsam eine Wohnung und stehen auch gemeinsam als Vermieter im Kopf des Mietvertrages, obwohl nur einer der Vermieter den Vertrag unterzeichnet hat. Hierbei ist es trotzdem notwendig, dass die Kündigung des Mietverhältnisses von beiden Ehepartnern unterzeichnet wird, ansonsten ist die Kündigungserklärung unwirksam. Wichtig ist auch, darauf zu achten, dass der Absender der Kündigung eindeutig genannt wird.

▶ INFO

Sind an einem Mietverhältnis mehrere Personen auf einer Vertragsseite beteiligt, kann eine Kündigung nur von allen bzw. an alle ausgesprochen werden.
Diejenigen, die als Vermieter im Mietvertrag genannt werden, müssen die Kündigung auch alle unterzeichnen.

Der Vermieter ist eine Erbengemeinschaft

Wenn auf der Vermieterseite eine ungeteilte Erbengemeinschaft einen der Miterben als »Verwalter« einsetzt und dieser üblicherweise die Besprechungen zur Regelung des Mietverhältnisses mit den Mietern durchführt, so ist bei der Kündigung des Mietverhältnisses dennoch die Mitwirkung der anderen Erben erforderlich (§ 2038 BGB).

Mehrere Mieter sind Mietpartei

Sind mehrere Mieter vorhanden, so muss die Kündigung auch gegenüber allen Mietern abgegeben werden. Kündigt der Mieter gegenüber einer Vermietergemeinschaft, so muss gegenüber *allen* Vermietern gekündigt werden. Eine Kündigung, die nur an einen von mehreren Mitmietern oder Mitvermietern gerichtet wird, beendet das Mietverhältnis **nicht**, d. h., eine *Teilkündigung* ist nicht möglich.

Besteht die Mietergemeinschaft aus einer Wohngemeinschaft, muss die Kündigung gegenüber sämtlichen Mitgliedern der Wohngemeinschaft erfolgen. Dies gilt auch dann, wenn einer der Mieter bereits aus der Wohnung ausgezogen ist.

Haben sich Ehepartner getrennt und ein Ehepartner ist aus der Wohnung ausgezogen, dann muss die Kündigung auch gegenüber dem ausgezogenen Ehepartner erklärt werden. Vielfach erfolgt in diesen Fällen des Auszuges eines Ehepartners eine Kündigung durch den ausgezogenen Ehepartner. Diese Kündigung beendet das Mietverhältnis jedenfalls nicht. Lediglich im Ausnahmefall kann davon ausgegangen werden, dass das Mietverhältnis mit einer Mehrheit von Mietern endet, obwohl die Kündigung nur gegenüber einem Mieter erklärt wurde. Dies ist dann der Fall, wenn der andere Mitmieter schon vor langer Zeit aus der Wohnung ausgezogen ist und der ausgezogene Mieter mit der Wohnung tatsächlich nichts mehr zu tun haben will (OLG Frankfurt WuM, 1991, Seite 76).

Kündigung durch Bevollmächtigten

Die Kündigung eines Mietverhältnisses kann auch durch einen Bevollmächtigten (z. B. Hausverwalter oder Rechtsanwalt) erklärt werden, wenn dieser eine Vollmacht des Vermieters vorlegt.

Unwirksam ist diese Kündigung, wenn der Mieter die Kündigung deswegen zurückweist, weil die Originalvollmacht des Vermieters nicht vorliegt (§ 174 BGB).

Wird also die Kündigung durch einen Bevollmächtigten ohne

Vorlage der Vollmachtsurkunde erklärt, kann dadurch wertvolle Zeit verloren gehen. Denn nun muss eine neue Kündigung erfolgen, und die Kündigungsfristen laufen damit von Neuem.

Bei der Originalvollmacht ist zu beachten:

- Der Kündigungsempfänger kann zunächst Rechtsrat einholen. Die Zurückweisung einer Kündigung wegen des Fehlens der Originalvollmacht ist daher noch rechtzeitig, wenn diese Zurückweisung vor Ablauf einer Zweiwochenfrist bei dem Erklärer der Kündigung eingeht.
- Die Vollmachtsurkunde muss immer im Original beigefügt werden. Eine Fotokopie der Vollmachtsurkunde gilt nicht.
- Eine beglaubigte Abschrift der Vollmachtsurkunde genügt nicht.
- Dies ist auch bei der Zustellung einer Kündigungserklärung durch den Gerichtsvollzieher zu beachten: Er muss die Originalvollmacht an den Kündigungsempfänger zustellen.
- Wurde der Mietvertrag bereits durch einen Bevollmächtigen abgeschlossen, so ist es trotzdem im Falle der Kündigung notwendig, die Originalvollmachtsurkunde beizufügen.
- Es gibt auch verschiedene Entscheidungen, wonach sich ein Kündigungsempfänger nicht auf das Fehlen der Vollmacht berufen darf, wenn die Bevollmächtigung während der längeren Vertragsbeziehung als solche anerkannt ist.

Sind mehrere Vermieter vorhanden, dann muss die Vollmacht auch von allen Vermietern unterzeichnet werden.

Ein Ehepartner kann natürlich auch die Kündigung für sich und für seinen Ehepartner erklären, nur sollte er dann die Originalvollmacht des Ehepartners auf jeden Fall beifügen.

Was ist bei einer ordentlichen Kündigung zu beachten?

▶ MUSTERBRIEF **Fristgerechte Kündigung**

Name und Anschrift des Vermieters

Eheleute Frey
Ahornweg 15

34567 Bergdorf

15. Juni 2006

Kündigung

Sehr geehrte Frau Frey, sehr geehrter Herr Frey,

hiermit kündigen wir Ihnen das Mietverhältnis über die 3-Zimmerwohnung im Haus Ahornweg 15, Erdgeschoss links, in 34567 Bergdorf, fristgerecht zum 31. März 2007.

Da Ihnen die Wohnung am 01. Juni 1998, also vor acht Jahren überlassen wurde, beträgt die Kündigungsfrist 9 Monate.
Wir kündigen das Mietverhältnis, da ein berechtigtes Interesse an der Beendigung gemäß § 573 Abs. 2 Nr. 2 BGB vorliegt.

Wir machen für die Wohnung Eigenbedarf geltend, da wir sie für unseren Sohn Manfred und dessen Ehefrau benötigen.
Begründung: Unser Sohn Manfred studierte bisher in Hamburg und lebt dort zusammen mit seiner Ehefrau in einer 2-Zimmerwohnung. Nach Ablegung des Staatsexamens wird er ab dem 01.03.2007 eine Stellung bei der Fa. XYZ in Bergdorf annehmen und nach Bergdorf zurückkehren.

Er benötigt daher eine Wohnung. Die von Ihnen bewohnte 3-Zimmerwohnung ist für den Wohnbedarf der zweiköpfigen Familie unseres Sohnes angemessen.
Im Haus Ahornweg 15 befinden sich noch 3 weitere Wohnungen; die Erdgeschosswohnung ist zu klein, die 4-Zimmerwohnungen sind für unseren Sohn zu groß und zu teuer. Über weiteren Wohnraum, die wir an unseren Sohn vermieten können, verfügen wir nicht. Auch in unser Haus kann er nicht einziehen, da dieses für zwei Familien zu klein ist.

Gemäß § 568 Abs. 2 BGB machen wir Sie darauf aufmerksam, dass Sie dieser Kündigung nach § 574 BGB widersprechen können.
Der Widerspruch muss schriftlich erklärt werden. Für den Fall der Widerspruchseinlegung verlangen wir vorsorglich gemäß § 574 b Abs. 1 BGB unverzüglich Auskunft über die Gründe des Widerspruchs. Der Widerspruch muss nach § 574 b Abs. 2 BGB spätestens 2 Monate vor der oben genannten Beendigung des Mietverhältnisses, also bis zum 31. Januar 2007, bei uns eingegangen sein.
Wir bitten Sie, die Wohnung nebst Kellerraum bis zum 31. März 2007 geräumt und entsprechend der Vereinbarung im Mietvertrag renoviert und gereinigt, mit allen Schlüsseln versehen, zu übergeben.
Wir bitten Sie, mit uns rechtzeitig einen Übergabetermin zu vereinbaren.

Sollten Sie die Wohnung nicht rechtzeitig, wie vorstehend angegeben, räumen, so machen wir Sie schon jetzt darauf aufmerksam, dass wir dann gemäß § 546 a BGB – unbeschadet weiterer Rechte – vom 01. April 2007 an mindestens die Nutzentschädigung in Höhe der ortsüblichen Vergleichsmiete verlangen werden.
Eine stillschweigende Verlängerung des Mietverhältnisses nach § 545 BGB lehnen wir ausdrücklich ab.
Wir bitte sie um Verständnis für diese Maßnahme und verbleiben mit freundlichen Grüßen

(Unterschriften aller Vermieter)

Allgemeine gesetzliche Regelung

Bei einem Mietverhältnis über Wohnraum kann jeder der Vertragspartner – sowohl der Mieter als auch der Vermieter – das Mietverhältnis mit den Fristen des § 573 c BGB kündigen.

Die Kündigung ist spätestens am dritten Werktag eines jeden Monats für den Ablauf des übernächsten Monats zulässig, dies entspricht somit einer Kündigungsfrist von drei Monaten.

Darüber hinaus verlängert sich die Kündigungsfrist **nur für den Vermieter** nach fünf und acht Jahren seit der Überlassung des Wohnraums um jeweils drei Monate. Damit beträgt die Kündigungsfrist für den Vermieter bei Mietverhältnissen mit einer Dauer von fünf bis sieben Jahren sechs Monate und bei einer Dauer ab acht Jahren neun Monate.

Voraussetzung für eine Kündigung mit diesen Fristen ist,

- dass eine Mietzeit nicht fest vereinbart ist oder
- dass, abweichend vom Gesetz, keine längeren Kündigungsfristen für den Vermieter vereinbart wurden oder
- dass Mieter und Vermieter nicht für eine bestimmte Zeit auf eine Kündigung verzichtet haben.

Ein Mietverhältnis ist immer dann auf unbestimmte Zeit eingegangen, wenn die Parteien dies im Mietvertrag so ausdrücklich erklärt haben, oder wenn die Parteien zur Dauer des Mietverhältnisses keine Erklärung abgegeben haben.

Viele Mietverträge mit einer bestimmten Laufzeit gehen nach deren Ende in ein Mietverhältnis auf unbestimmte Zeit über, nämlich dann, wenn der Endtermin des Mietverhältnisses eintritt und beide Vertragsparteien das Mietverhältnis weiter fortsetzen.

Eine ordentliche Kündigung eines Mietverhältnisses ist im Übrigen auch schon vor dem Vollzug des Mietverhältnisses möglich. Vollzug des Mietverhältnisses bedeutet, dass dem Mieter das Mietobjekt übergeben wurde.

Mietet ein Mieter also eine Mietwohnung an, kann er schon vor Bezug der Mietwohnung das Mietverhältnis kündigen, und zwar dann unter Einhaltung der gesetzlichen Kündigungsfrist. Da die Mietvertragsparteien diesen Fall üblicherweise nicht schriftlich geregelt haben, beginnt nach der Rechtsprechung die Kündigungsfrist mit dem Zugang der Kündigungserklärung.

Die Mietvertragsparteien können aber auch vereinbart haben, dass das Mietverhältnis zwar auf unbestimmte Zeit eingegangen wurde, dass aber beide Vertragsparteien für einen bestimmten Zeitraum auf das Kündigungsrecht verzichten. Beispielsweise dann, wenn der Mieter Investitionen in das Mietobjekt geleistet hat, z. B. einen Finanzierungsbeitrag durch Mietvorauszahlung (Baukostenzuschuss oder Mieterdarlehen). Dann kann sich aus einer derartigen Regelung ergeben, dass eine Kündigung für die Zeit ausgeschlossen ist, bis die Zahlung des Mieters durch Abwohnen verrechnet wurde.

Darüber hinaus kann eine Kündigung aber auch noch nach der Generalklausel des Bürgerlichen Gesetzbuches ausgeschlossen sein (§ 242 BGB).

Ein Kündigungsausschluss nach den Grundsätzen von Treu und Glauben ist aber eher die Ausnahme und in folgenden Fällen anzunehmen:

- Der Vermieter macht gegenüber dem Mieter Ansprüche auf Zahlung nicht vertraglich vereinbarter Betriebskosten geltend. Diesen Anspruch weist der Mieter zurück. Aus Verärgerung darüber kündigt der Vermieter nunmehr.

- Der Mieter beanstandet, dass Feuchtigkeit von außen in seine Wohnung eindringt. Der Vermieter kündigt. Es geht ihm in diesem Fall nur darum, seiner Verärgerung freien Lauf zu lassen, damit der Mieter seine Rechte ihm gegenüber wahrnimmt, z. B. Klage erhebt.

Auch bei widersprüchlichem Verhalten eines Vermieters ist eine Kündigung ausgeschlossen. Dies kann dann gegeben sein, wenn die Vertragsparteien eine längere Laufzeit des Vertrages aushandeln und der Mieter noch vor Abschluss einer entsprechenden schriftliche Vereinbarung der Zusage des Vermieters vertraut.

Die Kündigungsfristen für Mieter

Beim Mietverhältnis über Wohnraum ist für den Mieter die Kündigung immer spätestens am dritten Werktag eines jeden Kalendermonats für den Ablauf des übernächsten Monats zulässig (§ 573 Abs.1 BGB), auch wenn in einem Altmietvertrag (vor dem 01.07.2001 abgeschlossen) längere Fristen in Formularvordrucken enthalten sind. Bei Altmietverträgen müssen längere Fristen mit dem Mieter individuell ausgehandelt worden sein.

Fristberechnung

Bei der Zeit, die für die Überlassung berechnet wird, ist auch die Zeit mit einzuberechnen, in der ein Mieter aufgrund eines Mietvertrages seines früheren Ehegatten in der Wohnung berechtigt gewohnt hat.

Ein Wechsel des Vertragspartners ist auf die Dauer der Überlassung ohne Einfluss, wenn dadurch das Mietverhältnis identisch bleibt.

Auch bei einem Wechsel der Wohnungen des Mieters im gleichen Haus ist es rechtlich umstritten, ob die Berechnungszeit ab Bezug der neuen Wohnung zu laufen beginnt, oder ob auch die Mietdauer in der alten Wohnung mit einzubeziehen ist . Hierzu gibt es leider kein klarstellendes Urteil eines Oberlandesgerichts oder gar des Bundesgerichtshofes.

▶ TIPP

Im Zweifel sollten Sie als Vermieter davon ausgehen, dass ein Gericht die für Sie nachteilige Auffassung anwendet, so dass Sie dies bei der Berechnung der Kündigungsfrist schon berücksichtigen und lieber früher als später kündigen.

Diese Kündigungsfristen gelten auch in den Fällen, in denen der Vermieter den Wohnraum ganz oder überwiegend mit Einrichtungsgegenständen ausgestattet hat, diese Wohnung Teil der vom Vermieter selbst bewohnten Wohnung ist, diese Wohnung nicht zum dauernden Gebrauch für eine Familie überlassen wurde und für Wohnraum in einem Studenten- und Jugendwohnheim

Nicht zu unterschätzen: Formalien der Kündigung

Für die Kündigung von Wohnraummietverhältnissen muss über die bereits eingangs genannten Erfordernisse Folgendes beachtet werden:

- Die Kündigung muss schriftlich erklärt werden. Diese Formerfordernis gilt für jede Art von Kündigung, egal ob sie vom Vermieter oder vom Mieter ausgesprochen wird.
- In der Kündigung müssen vom Vermieter die Kündigungsgründe angegeben werden. Es handelt sich dabei um eine Wirksamkeitsvoraussetzung.
- Der Vermieter muss die Mieter über das Recht zum Kündigungswiderspruch belehren (§ 574 b BGB). Vergisst der Vermieter die Belehrung über den Kündigungswiderspruch, so bleibt die Kündigung zwar wirksam, aber der Mieter kann sich dann mit seinem Widerspruch Zeit bis zum ersten Termin im Räumungsrechtsstreit lassen.

Angabe und Nachschieben von Kündigungsgründen

Der Vermieter ist zur ordentlichen Kündigung des Mietverhältnisses nur berechtigt, wenn er Kündigungsgründe hat. Fehlen die entsprechenden Kündigungsgründe, so ist die Kündigung wirkungslos.

> **TIPP**
>
> Eine ordentliche Kündigung muss daher so umfangreich und ausführlich wie möglich begründet werden, hierbei sollte der Vermieter auf Nummer Sicher gehen und lieber zuviel als zu wenig schreiben.

Selbst wenn die Gründe bei Kündigungsausspruch vorliegen, diese in dem Kündigungsschreiben aber nicht genannt werden, so ist die Kündigung unwirksam. § 573 Abs. 3 BGB bestimmt, dass bei der Prüfung, ob der Vermieter ein berechtigtes Interesse an der Beendigung des Mietverhältnisses hat, nur die im Kündigungsschreiben angegebenen Gründe berücksichtigt werden dürfen.

Die Kündigungsgründe müssen so detailliert angegeben werden, dass der Mieter sich aus diesen Gründen ein ausreichendes Bild über die Berechtigung der Kündigung machen kann und dass er hierauf seinen Widerspruch begründen kann.

Pauschale Angaben zum Kündigungsgrund »Eigenbedarfs« in der Weise, dass geschrieben wird »wegen Heirat des Sohnes« oder »wegen Pflegebedürftigkeit des Vaters«, reichen nicht aus.

▶ TIPP

Sie als Vermieter dürfen bei einer Kündigung nicht vergessen, Kündigungsgründe, die bereits vor Aussprechen der Kündigung entstanden sind, in dem Kündigungsschreiben zu nennen. Denn: Auf Gründe, die vor Erklärung der Kündigung entstanden sind, jedoch im Kündigungsschreiben vergessen wurden, kann die Kündigung nachträglich nicht mehr gestützt werden.

Ein Nachschieben von Kündigungsgründen, die schon bei Ausspruch der Kündigung vorlagen, ist ebenfalls nicht möglich.

Das »berechtigte Interesse« als Kündigungsgrund

Eine ordentliche Kündigung des Mietverhältnisses ist wirksam, wenn der Vermieter ein berechtigtes Interesse an der Beendigung des Mietverhältnisses hat (§ 573 Abs. 1 BGB). Sein berechtigtes Interesse muss ein solches Gewicht haben, dass es das generelle Interesse des Mieters an dem weiteren Wohnen in der Wohnung überwiegt. Dieser Tatbestand bezieht sich auf die Person des Vermieters. Ein Interesse, das ein Dritter an der Beendigung des Mietverhältnisses hat, ist rechtlich ohne Bedeutung.

▶ BEISPIEL

Möchte ein Vermieter eine Eigentumswohnung verkaufen und findet er aber lediglich einen Interessenten, der bereit ist, die Wohnung dann zu kaufen, wenn das Mietverhältnis beendet und die Wohnung geräumt ist, dann liegt kein Interesse des Vermieters an der Beendigung des Mietverhältnisses vor. Im vorliegenden Fall ist nämlich der Dritte, der Kaufinteressent, derjenige, der ein Interesse an der Beendigung des Mietverhältnisses hat, und dies ist nicht ausreichend.

Das berechtigte Interesse des Vermieters an der Beendigung des Mietverhältnisses muss bei Ausspruch der Kündigung gegeben sein und muss bis zum Wirksamwerden der Kündigung auch noch fortbestehen. Wenn also der Grund für einen Eigenbedarf inzwischen erloschen ist, besteht auch kein berechtigtes Interesse mehr.

Die rechtlich zulässigen Kündigungsgründe sind im § 573 Abs. 2 BGB geregelt. Die wesentlichen Kündigungsgründe werden im folgenden dargestellt.

Der Mieter verletzt seine vertraglichen Verpflichtungen

Die nachfolgend genannten Gründe berechtigen einen Vermieter teilweise auch zur fristlosen Kündigung des Mietverhältnisses (§§ 543,569 Abs. 2 BGB).

- Gründe, die zu einer fristlosen Kündigung führen, rechtfertigen stets auch eine ordentliche Kündigung. Ein einmaliger Vertragsverstoß rechtfertigt die fristlose Kündigung, wenn der Verstoß besonders schwerwiegend ist. Hierfür ist eine Abmahnung in der Regel nicht erforderlich.
- Eine fristgerechte Kündigung ist dann angemessen, wenn die Vertragsverletzung so schwer ist, dass die Auflösung des Mietverhältnisses gerechtfertigt ist, andererseits es dem Vermieter aber zuzumuten ist, gleichwohl die ordentliche Kündigungsfrist einzuhalten.

Bei wiederholten geringfügigen Vertragsverstößen hat der Vermieter folgende Bedingungen zu beachten:

- Er muss durch eine Abmahnung und Androhung der Kündigung dem Mieter deutlich machen, dass er die Vertragsverletzungen nicht duldet. Erst damit wird das schuldhafte Handeln dokumentiert.
- Der Mieter muss den Vertragsverstoß verschuldet haben, er muss also mindestens fahrlässig gehandelt haben. Fahrlässig handelt, wer die im Verkehr erforderliche Sorgfalt außer Acht lässt (§ 276 Abs. 2 BGB).
- Der Mieter muss im Übrigen auch für schuldhafte Pflichtverletzungen eines Untermieters oder Mitbewohners einstehen (§ 540 Abs. 2 BGB). Er kann sich also nicht darauf berufen, dass z. B. Lärmstörungen von seinem Untervermieter verursacht wurden.

Gründe für eine **fristgerechte Kündigung** wegen Verletzung der Mieterpflichten sind nach der Rechtsprechung:

- unpünktliche Mietzinszahlung
- Mietrückstände, auch mit einem geringeren Betrag als zwei Monatsmieten und mit einem geringeren Zeitraum als zwei Monate,
- Nichtzahlung einmaliger Leistungen wie Kaution, Schadensersatzansprüche, Mieterdarlehen, Baukostenzuschüsse (im Einzelnen umstritten!),
- Störung des Hausfriedens,
- Belästigung und Beleidigung des Vermieters,
- unerlaubter Mauerdurchbruch in einer tragenden Wand,
- unerlaubter Gewerbebetrieb im Wohnhaus,
- Störung anderer Mitbewohner durch Hundehaltung,
- Unsauberkeit, Ungeziefer,
- mehrfaches Überlaufen einer Waschmaschine und dadurch verursachte Feuchtigkeitsschäden.

▶ TIPP

Die Gerichte entscheiden jeweils nach dem Einzelfall der Umstände, daher kann ein Gericht in einem Fall zur Wirksamkeit der Kündigung neigen, sie in einem anderen Fall aber ablehnen. Kündigungen sind daher so umfangreich und so genau wie möglich zu begründen.

Kündigung wegen Eigenbedarfs

Der Vermieter hat das Recht zur Kündigung, wenn er die Räume als Wohnung für sich, seine Familienangehörigen oder Angehörige seines Haushalts benötigt (§ 573 Abs. 2 Nr. 2 BGB).

Wer zum Haushalt gehört:	Familienangehörige sind Verwandte und Verschwägerte, z. B. Eltern, Kinder, Stiefkinder, Geschwister und der Ehepartner, wenn die Eheleute sich trennen wollen.
Nahe Familienangehörige:	Wenn die verwandtschaftlichen Beziehungen weniger eng sind, dann kommt es darauf an, dass der Angehörige dem Vermieter persönlich nahe steht. Dies trifft dann zu, wenn beispielsweise das Enkelkind in der Wohnung der Großeltern lebt. Oder wenn das Enkelkind in das gleiche Haus wie die Großeltern ziehen soll, damit es die Großeltern betreut und ihnen den Haushalt führt.

Mit »Angehörige seines Haushalts« sind Personen gemeint, die dem Haushalt des Vermieters dauerhaft angehören, z. B. der Lebenspartner des Vermieters, mit dem er »einen auf Dauer angelegten gemeinsamen Haushalt führt«, Pflegekinder oder Kinder des Lebenspartners.

In jedem Fall gilt:
Der Vermieter muss die Wohnung »benötigen«

Damit ist nicht gemeint, dass der Vermieter nur im alleräußersten Notfall, z. B. wenn sein Sohn schon auf der Straße steht, auf die Wohnung zurückgreifen darf. Es unterliegt allein der sich aus dem Eigentumsrecht ergebenden Befugnis des Vermieters, zu bestimmen, welchen Wohnbedarf er für sich und seine Angehörigen als angemessen ansieht. Die Gerichte sind nicht berechtigt, ihre Vorstellungen vom angemessenen Wohnen verbindlich an die Stelle der Vorstellungen und der Lebensplanung des Vermieters zu setzen

> ▶ TIPP
>
> Sie als Vermieter benötigen dann die Wohnung für einen Familienangehörigen, wenn Sie für dessen Einzug vernünftige und nachvollziehbare Gründe haben. Wann derartige Gründe vorliegen, überprüfen die Gerichte an Hand des in der Kündigung vorgetragen Lebenssachverhaltes. Man kann Ihnen nur raten, die Situation, die zur Kündigung wegen Eigenbedarf führt, so präzise und so umfassend wie möglich darzulegen.

Mietrecht aktuell: Die Gerichte zum Thema Eigenbedarf

In zahlreichen Entscheidungen haben die Fachgerichte und auch das Bundesverfassungsgericht zur Frage des Eigenbedarfs Stellung genommen. In folgenden Fällen wurde der Eigenbedarf bejaht:

- Kündigung einer 150 qm großen 5-Zimmerwohnung zugunsten der Tochter, wenn diese mit ihrem Lebensgefährten dort leben und ein bis zwei Kinder haben möchte (BVerfG DWW 1995, S. 185);

- Kündigung einer 3-Zimmerwohnung mit 75 qm, um diese nach Umbau des Dachgeschosses (4. Obergeschoss) zu einer einzigen Wohnung für seine Familie mit zwei Erwachsenen, zwei Kindern und einem Kindermädchen zu verbinden (BVerfG NJW 1994, 311);
- Kündigung einer Wohnung im 4. Obergeschoss, um diese Wohnung mit der anderen Wohnung im 4. Obergeschoss zu einer Wohnung zusammenzulegen, um sie dann mit der Ehefrau zu beziehen. Dabei spielt es keine Rolle, dass im 2. Obergeschoss eine kleinere Wohnung frei war und im 3. Obergeschoss dann eine kleinere Wohnung während des Räumungsrechtsstreits frei wurde, in die die Mieter der anderen Wohnung des 4. Obergeschosses einzogen (BVerfG NJW 1994, 435);
- Veränderungen der Lebenssituation des Vermieters oder der begünstigten Person durch Heirat oder Begründung einer Lebensgemeinschaft bzw. Geburt von Kindern;
- Wunsch des Vermieters nach einem eigenen Zimmer für jedes Kind. Der Vermieter bewohnt zwei Wohnungen in der 2. und 3. Etage, beide Wohnungen sind nur durch das Treppenhaus zu benutzen. Die Kündigung der im 3. Obergeschoss gelegenen Wohnung der Mieter mit dem Ziel, die Wohnungen im 3. Obergeschoss zu einer großen Wohnung zu verbinden, ist wirksam (BVerfG DWW 1994, Seite 75).

Die Gerichtsentscheidungen machen deutlich, dass eine Nachprüfung des Entschlusses des Vermieters, seine Wohnung selbst zu nutzen, also nicht unbeschränkt zulässig ist, da sich dieser Entschluss nicht ausschließlich oder in erster Linie an objektiven Kriterien messen lässt. Die Entscheidung des Vermieters ist zu akzeptieren.

Schutz der Position des Mieters

Die Gerichte müssen jedem Gesichtspunkt nachgehen, den der Mieter vorträgt und der Zweifel an der Ernsthaftigkeit des Selbstnutzungswunsches begründet.

Auch können die Gerichte unter dem Gesichtspunkt »Missbrauch« prüfen, ob ein »weit überhöhter Wohnbedarf« geltend gemacht wird.

In folgenden Fällen werden vernünftige und nachvollziehbare Gründe vom Gericht nicht angenommen:

- Der Vermieter kündigt, um seinem Sohn (Schüler/Student) an seinem Schul-/Studienort eine vermietete Wohnung mit einer Fläche von mehr als 100 qm beziehen zu lassen.
- Eigenbedarf für Schüler, Studenten an einem Einfamilienhaus mit Garten.

Welche **Angaben** soll man in einem **Kündigungsschreiben** machen?

Hier gibt es keinen pauschalen Rat, sondern dies ist von den Umständen des Einzelfalles abhängig.

Will man beispielsweise für seinen Sohn, der von Frankfurt nach Siegen zieht, eine Wohnung frei machen, gehören zu den Angaben:

Alter, Familienstand, derzeitige berufliche Situation und Angabe des bisherigen Arbeitgebers, zukünftig berufliche Situation und neuer Arbeitgeber, Wohnungssituation, Begründung, warum die Wohnung des Mieters in Betracht kommt, Hinweis darauf, dass andere Wohnungen gegebenenfalls aus bestimmten Umständen nicht in Betracht kommen.

In diesem Fall würde es nicht ausreichen, wenn man den Eigenbedarf damit begründet: »Weil mein Sohn XY beruflich nach Siegen versetzt wird.«

Die so genannten Alternativwohnung

Wichtig in diesem Zusammenhang sind folgende Umstände, die Sie als Vermieter vor Schaden bewahren:

- Kündigt der Vermieter in einem Mehrfamilienhaus eine Wohnung, damit seine Tochter einziehen kann, und wird während des Laufes der Kündigungsfrist im gleichen Haus eine andere Wohnung frei, dann muss sorgfältig geprüft werden, ob die Tochter den Wohnbedarf in der anderen Wohnung decken kann.
- Der Vermieter kann auf eine andere freie Wohnung im Haus verwiesen werden, wenn der Wohnbedarf in dieser Alternativwohnung »ohne wesentliche Abstriche« befriedigt werden kann (BVerfG NJW 1991, Seite 151).
- Ist die Alternativwohnung gleich groß und liegt statt im 2. Stockwerk im 3. Stockwerk, dann ist kein Grund ersichtlich, warum die Tochter nicht in diese frei gewordene Alternativwohnung einziehen kann.

▶ TIPP

Sie als Vermieter haben im Einzelfall sorgfältig zu überprüfen, inwieweit diese Alternativwohnung die Eigenbedarfsgründe beeinträchtigt.

Wegfall des Eigenbedarfs: Mögliche Schadenersatzansprüche

Wenn zwischen dem Zugang der Kündigung bis zur Räumung der Bedarfsgrund wegfällt, muss der Mieter unverzüglich darauf hingewiesen werden, dass der Eigenbedarfsgrund weggefallen ist.

Dabei kommt es nicht darauf an, ob der Mieter schon mit den Umzugsvorbereitungen begonnen hat oder nicht. In jedem Fall ist der Vermieter zu entsprechenden Information bis zur Übergabe des Schlüssels verpflichtet.

> ▶ TIPP
>
> **Empfehlung bei Eigenbedarfskündigung:**
> - vollständig und genau vortragen
> - wahrheitsgemäß vortragen
> - sich an der Lebenswirklichkeit orientieren,
> - sich auch nicht in Widerspruch zu seinem bisherigen Verhalten setzen (Räumungsklage wegen Eigenbedarfs beispielsweise dann, nachdem man vergeblich versucht hat, eine Mieterhöhung durchzusetzen, oder nachdem man dem Mieter das Angebot unterbreitet hat, das Haus zu kaufen).

Wer als Vermieter in diesem Fall die Eigenbedarfskündigung aufrechterhält oder den Rechtsstreit trotzdem fortsetzt, muss damit rechnen, dass der Mieter Schadenersatzansprüche gegen ihn geltend macht.

Der Mieter kann Schadenersatz wegen der ihm entstandenen gesamten Räumungskosten geltend machen. Das sind:

- Umzugskosten,
- gegebenenfalls ein höherer Mietzins für die Ersatzwohnung,

- Kosten für einen Teppichboden, der für die neue Wohnung angeschafft werden musste,
- Kosten für Gardinen,
- Kosten für Zeitungsanzeigen,
- Maklercourtage,
- sogar Kosten des verlorenen Rechtsstreites, wenn der Vermieter vor Erlass des Räumungsurteils von dem Wegfall des Eigenbedarfsgrundes Kenntnis hatte und trotzdem ein Räumungsurteil ergehen ließ.

Langfristige Planung des Eigenbedarfs nötig

Als Vermieter muss man schon vor Abschluss des Mietvertrages langfristig und im Hinblick auf Eigenbedarf planen und gegebenenfalls vorsorglich einen Zeitmietvertrag abschließen.

▶ BEISPIEL

Der volljährige Sohn des Vermieters wird in einem Jahr das Abitur machen und danach studieren.
Dann muss der Vermieter, der eine Wohnung in der Universitätsstadt, in der sein Sohn eventuell studieren will, besitzt und vermieten will, einen Zeitmietvertrag gemäß § 575 BGB abschließen und im Mietvertrag schriftlich auf den zukünftigen Eigenbedarf hinweisen.
Der Vermieter, der dies nicht berücksichtigt, sondern dann nach bestandenem Abitur seines Sohnes die Eigenbedarfskündigung ausspricht, muss damit rechnen, dass ihn das Gericht mit seiner Forderung zurückweist und dies damit begründet, dass eine derzeitige Kündigung rechtsmissbräuchlich ist oder eine unzumutbare Härte für die Mieter darstellt, weil der Eigenbedarf vorhersehbar war.

Einschränkung der Eigenbedarfskündigung bei Eigentumswohnungen

Die Kündigungsmöglichkeit von vermieteten Eigentumswohnungen schränkt der Gesetzgeber für eine Dauer von drei Jahren ein (§577 a BGB), wenn folgende Bedingungen gelten:

- Nach Abschluss des Mietvertrages mit dem Vermieter wurde die Wohnung nachträglich in eine Eigentumswohnung umgewandelt.
- Die so umgewandelte Eigentumswohnung wird veräußert. In diesem Fall kann sich der erste Käufer nach der Umwandlung drei Jahre lang *nicht* auf den Eigenbedarf berufen.

Die dreijährige Sperrfrist beginnt in diesen Fällen nicht mit Abschluss des notariellen Kaufvertrages über die Eigentumswohnung, sondern mit der Eintragung des Ersterwerbers im Grundbuch.

Da zwischen notariell beurkundetem Kaufvertrag und Eintragung des Käufers im Grundbuch unter Umständen mehrere Monaten liegen können, verlängert sich die Frist in der Regel tatsächlich erheblich über diese drei Jahre hinaus.

Darüber hinaus kann der Erstkäufer die Eigenbedarfskündigung nicht während der Sperrfrist erklären; *erst nach Ablauf* der Sperrfrist kann erstmals die Eigenbedarfskündigung ausgesprochen werden.

In bestimmten Gebieten (Ballungsräumen, Gebieten mit Unterversorgung an Wohnraum) beträgt die Sperrfrist bis zu zehn Jahre. Die jeweilige Landesregierung hat in einer Verordnung die Gemeinden oder Teile einer Gemeinde bezeichnet, in denen die ausreichende Versorgung von Bevölkerung mit Mietwohnungen zu angemessenen Bedingungen besonders gefährdet ist (§ 577 a Abs.2 BGB).

▶ TIPP

Wenn man eine Eigentumswohnung erwirbt, um diese Eigentumswohnung selbst zu nutzen, dann sollte man sich zunächst vor dem Kauf sorgfältig über den Inhalt des Grundbuches und das Datum des Abschlusses des Mietvertrages informieren.

Gegebenenfalls muss man sich beim örtlichen Haus- und Grundeigentümerverein nach den entsprechenden Sperrfristen erkundigen.

Auch wenn eine Eigentumswohnung vom Bauträger von vornherein als Eigentumswohnung geplant und konzipiert ist, ist es für einen Käufer jedoch wichtig, dass die Aufteilung in Wohnungseigentum noch vor Überlassung der Wohnung an den Mieter abgeschlossen ist. Maßgeblich ist die Eintragung des Wohnungseigentums im Grundbuch.

Wenn das Datum der Überlassung der Wohnung an den Mieter (Besitzeinräumung) vor der ersten Eintragung im Grundbuch liegt und man der erste Käufer der Eigentumswohnung ist, dann unterliegt man als Vermieter der Sperrfrist. Dies muss man einkalkulieren.

Sonderfall: Eigentumswohnungen in öffentlich geförderten Wohnraum

Grundsätzlich ist es auch möglich, öffentlich geförderte Wohnungen (Sozialer Wohnungsbau) in eine Eigentumswohnung umzuwandeln.

Die Möglichkeit zur Kündigung wegen Eigenbedarfs ist für den Erwerber eingeschränkt. Folgende Regelung gilt:

- Nach Abschluss des Mietvertrages hat der Vermieter das Haus in Eigentumswohnungen umgewandelt.
- Es handelt sich um sozialen Wohnungsbau.
- Der Erwerber darf sich nicht auf den Eigenbedarf berufen, solange die Wohnung als öffentlich gefördert gilt (§ 6 Abs. 7 Wohnungsbindungsgesetz).

Für den Fall, dass die öffentlichen Fördermittel vorzeitig zurückgezahlt wurden, gilt die Wohnung auch weiterhin als öffentlich gefördert und zwar bis zum Ablauf des zehnten Kalenderjahres nach dem Jahr der Rückzahlung bzw. bis zum Ablauf des Kalenderjahres, in dem das Darlehen ansonsten zurückgezahlt worden wäre (§ 16 Abs. 1 Wohnungsbindungsgesetz).

Weiterer Kündigungsgrund: Wirtschaftliches Eigeninteresse

Ein weiterer Grund für einen Vermieter, das Mietverhältnis zu beenden, ist das Vorliegen eines wirtschaftlichen Eigeninteresses (§ 573 Abs. 2 Ziffer 3 BGB).

Dieser Kündigungsgrund liegt nur dann vor, wenn der Vermieter bei Weiterbestehen des Mietverhältnisses an einer angemessenen wirtschaftlichen Verwertung des Grundstücks gehindert ist und dadurch erhebliche Nachteile erleiden würde.

Zwar verhindert auch eine zu niedrige Miete die angemessene wirtschaftliche Verwertung des Grundstückes; dadurch kann ein Vermieter auch erhebliche Nachteile erleiden.

Doch ist der Wunsch des Vermieters, bei einer Neuvermietung eine höhere Miete zu erzielen, kein Grund für eine Kündigung im Sinne des BGB (§ 573 Abs. 2 Ziffer 3 Satz 2). Auf diesen Kündigungsgrund kann man sich dann berufen, wenn ein Hausverkauf wirtschaftlich notwendig ist – z. B. weil man stark überschuldet ist und die Tilgungsraten nicht mehr aufbringen kann – und ein Verkauf des Hauses nur möglich ist, wenn das Haus frei von Mietern ist.

Aber: Die Möglichkeit, durch den Verkauf eines geräumten Hauses einen höheren Kaufpreis zu erzielen, genügt nach der Rechtsprechung *nicht*, um die Fortsetzung des Mietverhältnisses als einen erheblichen Nachteil anzusehen.

Einen erheblichen Nachteil erleidet ein Vermieter erst dann, wenn er im vermieteten Zustand verkaufen muss und einen unzumutbar niedrigen Erlös erzielen wird.

Teilweise wurde ein Mindererlös von 15 Prozent als ein erheblicher Nachteil angesehen.

▶ INFO

Die Anforderung, die die Rechtsprechung an die Begründung dieses Kündigungsgrundes stellt, sind sehr hoch, und bei Berufung auf diesen Kündigungsgrund muss man noch präziser und noch umfangreicher begründen, als es ohnehin schon bei Eigenbedarfskündigungen der Fall ist.

▶ TIPP

Wer fürchtet, dass er durch die Fortsetzung eines Mietverhältnisses gravierende wirtschaftliche Nachteile erleidet, der sollte sich vor einer entsprechenden Kündigung fachkundig beraten lassen.

Die Kündigung ist grundsätzlich auch dann möglich, wenn der Vermieter das Haus abreißen und anschließend ein neues Haus errichten will, z. B. bei einem total veralteten und sanierungsbedüftigen Haus. Hier kann der Vermieter dann kündigen, wenn nur eine umfassende Sanierung des Objektes mit grundlegendem Eingriff in die Substanz möglich ist und der Vermieter darüber hinaus noch darlegt, dass er dann erhebliche wirtschaftliche Einbußen erleidet, wenn er das Haus nicht umfassend und grundlegend sanieren kann.

Doch auch hier ist Vorsicht geboten.

Wäre es dem Vermieter möglich, die Sanierung des Hauses nach und nach auch bei bestehendem Mietverhältnis durchzuführen, so kann er sich nicht auf diesen Kündigungsgrund berufen.

Auch dann, wenn der Vermieter dieses sanierungsbedürftige Haus erworben hat, um es zu sanieren und anschließend Gewinn bringend weiter zu veräußern, so ist diese Renditeaussicht kein Grund für eine Beendigung des Mietverhältnisses.

Auf den Kündigungsgrund wegen wirtschaftlichem Eigeninteresse kann man sich nicht berufen, wenn

- die Möglichkeit besteht, im Falle einer anderweitigen Vermietung als Wohnraum eine höhere Miete zu erzielen.
- der Vermieter die Mieträume im Zusammenhang mit einer Umwandlung in Wohnungseigentum veräußern will.
- *nach* Überlassung an den Mieter Wohnungseigentum begründet wurde, kann sich der Ersterwerber vor Ablauf von drei bzw. bis zu zehn Jahren seit der Veräußerung an ihn (siehe Seite 133 ff.) nicht darauf berufen, dass er die Mieträume veräußern will.

Weitere Kündigungsgründe bei »berechtigtem Interesse«

Ein sonstiges berechtigtes Interesse, das zur ordentlichen Kündigung berechtigt, ist gegeben, wenn

- ein schuldunfähiger Mieter schwerwiegende Pflichtverletzungen begeht (eine fristlose Kündigung eines Mietverhältnisses bei Pflichtverletzung ist nur dann möglich, wenn der Mieter schuldhaft handelt),
- eine Gemeinde das Mietverhältnis über Wohnraum kündigt, weil sie die Wohnung zur Erfüllung öffentlich-rechtlicher Aufgaben benützt (BayObLG in WM 1984, Seite 32).
- eine Gemeinnützige Wohnungsbaugenossenschaft eine erheblich unterbelegte Genossenschaftswohnung in der Absicht kündigt, sie an eine größere Familie mit entsprechendem Wohnbedarf zu vermieten (OLG Stuttgart in WM 1991, Seite 379),
- eine Werkswohnung gekündigt wird, nachdem das Dienst-

verhältnis mit dem Mieter beendet ist und der Vermieter den Wohnraum für einen anderen Bediensteten benötigt (OLG Stuttgart in WM 1991, Seite 330),

- der nachträgliche Wegfall der Grunderwerbssteuerbefreiung droht, weil der Vermieter die von ihm genutzte Eigentumswohnung nicht selbst nutzt (BayObLG in WM 1984, Seite 15),
- ein privater Träger freier Wohlfahrtspflege ein Mietverhältnis kündigt, um seine satzungsmäßige Aufgabe (Wiedereingliederung Suchtkranker in die Gesellschaft) zu erfüllen (LG Kassel Urteil vom 15.08.1991 – 1 S 395/91).

Ausschluss der Kündigung

Ein berechtigtes Interesse ist *nicht* anzunehmen, wenn

- das Mietverhältnis gekündigt wird, um eine höhere Miete zu erzielen (§ 573 Abs.1 Satz 2 BGB),
- das Haus verkauft werden soll. Der Grundsatz lautet: Kauf bricht nicht Miete (§ 566 BGB). Dies bedeutet, dass das Mietverhältnis unverändert fortbesteht und der Käufer in das bestehende Mietverhältnis eintritt,
- die Kündigung eines Mietverhältnisses nach einmonatiger Mietzeit erfolgt. In diesem Fall kann sich der Mieter auf die Härtegründe nach § 574 BGB berufen.

Anhand dieser Beispielsfälle wird deutlich, dass es für einen Vermieter nicht einfach ist, das Mietverhältnis mit einem vertragstreuen Mieter zu beenden.

Wie eine Kündigung nachträglich unwirksam wird

Die bestens ausformulierte Kündigung eines Mietverhältnisses nützt nichts, wenn die Regelung der stillschweigenden Verlängerung des Mietverhältnisses nach § 545BGB übersehen wird. Wird nach Ablauf der Mietzeit das Mietobjekt vom Mieter weiter genutzt, so gilt das Mietverhältnis als auf unbestimmte Zeit verlängert, sofern nicht der Vermieter oder der Mieter seinen entgegenstehenden Willen binnen einer Frist von 2 Wochen gegenüber dem anderen Teil erklärt.

Die Frist beginnt für den Mieter mit der Fortsetzung des Gebrauchs, für den Vermieter mit dem Zeitpunkt, in welchem er von der Fortsetzung Kenntnis erlangt.

> ▶ INFO
>
> Kündigt der Vermieter zu einem bestimmten Zeitpunkt, so wird nach der gesetzlichen Regelung das Mietverhältnis trotzdem fortgesetzt, wenn der Vermieter zu spät der Fortsetzung des Mietverhältnisses widerspricht.

Jede Äußerung, die den Kündigungswillen des Vermieters an der Fortsetzung des Mietverhältnisses erkennen lässt, genügt, z. B. ein Widerspruch, die Erhebung der Räumungsklage, die Bewilligung einer Räumungsfrist. Wichtig ist allerdings, dass dieser Widerspruch dem Mieter innerhalb von 2 Wochen zugeht. Zwei Beispiele aus der Praxis sollen dies verdeutlichen.

BEISPIELE

Der Vermieter kündigt zum 30. Juni das Mietverhältnis fristgerecht. Der Mieter zieht nicht aus. Am 02. Juli erfährt der Vermieter, dass der Mieter nicht ausgezogen ist. Er unternimmt zunächst nichts und reicht am 02. August die Räumungsklage bei Gericht ein.
Aufgrund § 545 BGB gilt das Mietverhältnis als auf unbestimmte Zeit verlängert. Der Vermieter muss erneut fristgerecht kündigen, bevor er eine Räumungsklage erheben kann.

Der Vermieter kündigt zum 30. Juni. Am 02. Juli erfährt er, dass der Mieter nicht ausgezogen ist. Am 04.07. übergibt der Vermieter dem Mieter einen Brief (siehe Zugang von Kündigungsschreiben S. 107) der folgenden Inhalt hat:
»Sie haben trotz der fristgerechten Kündigung das Mietobjekt nicht geräumt. Ich bin mit einer stillschweigenden Verlängerung des Mietverhältnisses nicht einverstanden und werde nunmehr Räumungsklage erheben.«
Am 02. August wird die Räumungsklage eingereicht. In diesem Fall gilt das Mietverhältnis nicht als »um unbestimmte Frist verlängert«, d. h. der Vermieter kann die Kündigung durchsetzen.

In Formularmietverträgen ist eine Regelung zu diesem Punkt enthalten. Diese Regelung sollte in etwa wie folgt lauten:

»Eine stillschweigende Verlängerung des Mietverhältnisses gemäß § 545 BGB tritt im Falle der Kündigung nicht ein.«

Fehlt dieser Satz und es tritt eine stillschweigende Verlän ein, so ist dies besonders ärgerlich, wenn die Kündigun neun Monate beträgt. In diesem Fall ist für den Vermieter wertvolle Zeit verloren gegangen. Denn dann muss nochmals mit der Einhaltung der Kündigungsfrist von neun Monaten gekündigt werden.

> **TIPP**
>
> Viele Mietvertragsformulare enthalten eine derartige Regelung nicht. Es ist daher im Falle einer Kündigung immer notwendig, schon im Kündigungsschreiben den Widerspruch gegen die stillschweigende Verlängerung des Mietverhältnisses zu erklären. Dies ist nach der Rechtsprechung zulässig.
> Jedes Kündigungsschreiben sollte daher folgenden Satz enthalten:
> »Eine stillschweigende Verlängerung des Mietverhältnisses gemäß § 545 BGB wird ausdrücklich abgelehnt.«

Vorsicht Falle bei langen Kündigungsfristen

Beträgt die Kündigungsfrist sechs Monate oder gar neun Monate, so ist es nicht ausreichend, wenn man bereits im Kündigungsschreiben die stillschweigende Verlängerung des Mietverhältnisses gemäß § 545 BGB ablehnt (LG Ansbach, NJW-RR 1996, 1479).

Bei langen Kündigungsfristen ist es erforderlich, dass man einen Monat vor Ablauf der Mietzeit dem Mieter zusätzlich Folgendes mitteilt:

- Der Kündigungsgrund aus der schriftlichen Kündigung besteht noch.

- Die stillschweigende Verlängerung des Mietverhältnisses gemäß § 545 BGB wird noch einmal ausdrücklich abgelehnt.

▶ BEISPIEL

Der Vermieter kündigt wegen Eigenbedarfs am 24. Juli 2006 fristgerecht zum 30. April 2007, da er die Wohnung für die Familie seines Sohnes benötigt. Das Mietverhältnis mit dem Mieter bestand zwölf Jahre. Im Kündigungsschreiben wird ausdrücklich die stillschweigende Verlängerung des Mietverhältnisses abgelehnt.
Trotzdem ist es notwendig, ca. zwei Monate vor Ablauf der Mietzeit, das heißt spätestens bis zum 28. Februar 2007, nicht nur darauf hinzuweisen, dass der in dem Kündigungsschreiben vom 24. Juli 2006 geltend gemachte Eigenbedarf noch immer besteht, sondern auch, dass die stillschweigende Verlängerung des Mietverhältnisses abgelehnt wird.

Werden diese Hinweise nicht beachtet, kann der Vermieter mit erheblichen Nachteilen rechnen.

Widerspruchsrecht des Mieters – Hinweispflicht des Vermieters

Das Gesetz gewährt dem Mieter einen weiteren Schutz:

- Der Mieter kann gegen die Kündigung Widerspruch wegen sozialer Härte einlegen.
- Der Vermieter muss den Mieter rechtzeitig auf den Widerspruch hinweisen. Dieser Hinweis muss schriftlich erfolgen

und sollte in dem Kündigungsschreiben gleich mit enthalten sein.

> ▶ INFO
>
> Fehlt dieser Hinweis auf den möglichen Widerspruch, dann kann der Mieter den Widerspruch noch im ersten Gerichtstermin des Räumungsrechtsstreites erklären.
> Der Mieter muss beim Widerspruch Form- und Fristvorschriften einhalten und verliert sein Widerspruchsrecht, wenn der Widerspruch nicht mindestens zwei Monate vor Ablauf der Kündigungsfrist beim Vermieter eingegangen ist.

Formulierungsvorschlag: »Gemäß § 574 b BGB mache ich Sie darauf aufmerksam, dass Sie dieser Kündigung nach § 574 BGB widersprechen können. Der Widerspruch muss schriftlich erklärt werden.

Für den Fall der Widerspruchseinlegung verlange ich vorsorglich gemäß § 574 b Abs. 1 BGB unverzüglich Auskunft über die Gründe des Widerspruchs.

Der Widerspruch muss nach § 574 b Abs. 2 BGB spätestens 2 Monate vor der oben genannten Beendigung des Mietverhältnisses, also bis zum 28. Februar 2007, bei mir eingegangen sein.«

Folge des Widerspruchrechts des Mieters

- Der Widerspruch macht die Kündigung grundsätzlich nicht unwirksam.
- Das Gericht muss aufgrund des Widerspruchs prüfen, ob die Beendigung des Mietverhältnisses eine Härte für den Mieter bedeuten würde, die auch unter Berücksichtigung der

im Kündigungsschreiben angegebenen Kündigungsgründe des Vermieters eine Beendigung des Mietverhältnisses nicht rechtfertigen. Dies folgt aus § 574 BGB, der so genannten Sozialklausel.

Eine Härte ist dann gegeben, wenn angemessener Ersatzwohnraum zu zumutbaren Bedingungen nicht zu beschaffen ist (§ 574 Abs. 2 BGB).

Weitere Härtegründe, die zugunsten des Mieters zu berücksichtigen sind:

- Schwangerschaft,
- Schwierigkeiten bei der Beschaffung von Ersatzwohnraum für eine kinderreiche Familie,
- Krankheit, wenn diese den Mieter an der Suche nach Ersatzwohnraum hindert oder die Suche erschwert,
- Krankheit, wenn ein Umzug nachteilige Auswirkungen auf die Gesundheit des Mieters hätte,
- wenn ein Umzug erforderlich werden würde, weil der Ersatzwohnraum des Mieters (das neue Eigenheim) erst in einigen Monaten zur Verfügung steht,
- hohes Alter und Krankheit sowie Verwurzelung im Umfeld, z. B. wenn die zu räumende Wohnung in unmittelbarer Nähe des betreuenden Kindes liegt,
- Schwierigkeiten beim Schulbesuch der Kinder, insbesondere wenn diese gerade eingeschult wurden,
- Prüfungsvorbereitungen.

Diese Fälle seien nur beispielhaft aufgezählt, daran können Sie als Vermieter jedoch schon absehen, in welchen Fällen Sie damit rechnen müssen, sich mit den Härtegründen des Mieters näher auseinander setzen zu müssen.

Folgen der Härtegründe

Liegen Härtegründe vor, so muss das Gericht die Interessen des Vermieters und die Härtegründe des Mieters gegenüberstellen und abwägen, welchen Gründen der Vorrang zu geben ist. Ziel des Widerspruchs des Mieters und dessen Fortsetzungsverlangen ist eine Verlängerung des Mietverhältnisses auf bestimmte oder unbestimmte Zeit.

Das Gericht hat dann die Möglichkeit, durch Urteil festzustellen, dass das Mietverhältnis sich bis zu einem bestimmten Zeitpunkt fortsetzt.

Nur in Ausnahmefällen, wenn ungewiss ist, wann die Härtegründe wegfallen, darf das Gericht die Fortsetzung des Vertrages auf unbestimmte Zeit anordnen.

Hat das Gericht dann das Mietverhältnis auf bestimmte Zeit durch Urteil fortgesetzt, so endet dieses fortgesetzte Mietverhältnis mit Ablauf der im Urteil bestimmten Frist, ohne dass noch einmal gekündigt werden muss. Allerdings ist wiederum die in § 545 BGB genannte »stillschweigende Verlängerung« zu beachten. Denn wenn Ihr Mieter nicht ausziehen sollte, müssen Sie ihn schriftlich innerhalb von 14 Tagen nach Ablauf der vom Gericht genannten Frist zur Räumung auffordern.

Geltung der Sozialklausel

Die Sozialklausel gilt grundsätzlich

- bei jeder ordentlichen Kündigung,
- auch bei der außerordentlich befristeten Kündigung durch den Vermieter.

Die Sozialklausel gilt *nicht*, wenn die Beendigung des Mietverhältnisses vom Mieter veranlasst wurde oder wenn der Vermieter fristlos gekündigt hat (z. B. wegen Mietrückständen).

Die »Zweifamilienhaus-Kündigung«

Für Häuser, in denen Vermieter und Mieter unter einem Dach wohnen, gelten besondere Kündigungsregelungen.

Ein Mietverhältnis über eine Wohnung in einem vom Vermieter selbst bewohnten Wohngebäude mit nicht mehr als 2 Wohnungen (daher der Begriff Zweifamilienhaus-Kündigung) kann der Vermieter ohne Gründe kündigen (§ 573 a BGB).

In diesen Fällen verlängert sich aber die Kündigungsfrist um 3 Monate, und der Vermieter muss in seinem Kündigungsschreiben ausdrücklich angeben, dass er die Kündigung nicht erklärt, weil ein berechtigtes Interesse hat, sondern weil er sich auf den Ausnahmefall des § 573 a Abs. 1 BGB stützt.

In der Vergangenheit war es notwendig, auch in einem derartigen Kündigungsschreiben Gründe für die Beendigung des Mietverhältnisses anzugeben, da auch bei der »Zweifamilienhaus-Kündigung« die so genannte Sozialklausel gilt.
Nunmehr muss der Mieter nur auf sein Widerspruchsrecht hingewiesen werden. Es müssen vom Vermieter jedoch keine Gründe für die Beendigung des Mietverhältnisses angegeben werden (§ 574 Abs. 3 BGB). Es bleibt jedoch abzuwarten, ob die Rechtsprechung nicht doch wieder die Angabe der Gründe fordert.

MUSTERBRIEF Zweifamilienhaus-Kündigung

Linda und Max Möller
Ahornweg 15
34567 Bergdorf

Eheleute Frey
Ahornweg 15

34567 Bergdorf

15. Juni 2006

Sehr geehrte Frau Frey, sehr geehrter Herr Frey,

hiermit kündigen wir Ihnen das Mietverhältnis über die Dreizimmerwohnung in unserem selbstbewohnten Zweifamilienhaus Ahornweg 15 in 34567 Bergdorf, Dachgeschoß, gem. § 573 a Abs.1 BGB fristgerecht zum 31. Juli 2007.
Da Ihnen die Wohnung am 01. Juni 1998, also vor acht Jahren überlassen wurde, beträgt die Kündigungsfrist neun Monate. Diese Kündigungsfrist verlängert sich aber nach § 573 a Abs.1 Satz 2 BGB um weitere drei Monate, sie beträgt daher zwölf Monate.
Gemäß § 573 a Abs. 3 BGB weisen wir Sie hiermit ausdrücklich darauf hin, dass diese Kündigung nicht auf § 573 BGB gestützt wird. Daher bedarf die Kündigung auch keiner Begründung.

Gemäß § 574 b BGB machen wir Sie darauf aufmerksam, dass Sie dieser Kündigung nach § 574 BGB widersprechen können.

Der Widerspruch muss schriftlich erklärt werden. Für den Fall der Widerspruchseinlegung verlangen wir vorsorglich gemäß § 574 b Abs. 1 BGB unverzüglich Auskunft über die Gründe des Widerspruchs. Der Widerspruch muss nach § 574 b Abs. 2 BGB spätestens zwei Monate vor der oben genannten Beendigung des Mietverhältnisses, also bis zum 31. Mai 2007 bei uns eingegangen sein.
Wir bitten Sie, die Wohnung nebst Kellerraum bis zum 31. Juli 2007 geräumt und entsprechend der Vereinbarung im Mietvertrag renoviert und gereinigt, mit allen Schlüsseln versehen zu übergeben.
Wir bitten Sie, mit uns rechtzeitig einen Übergabetermin zu vereinbaren.
Sollten Sie die Wohnung nicht rechtzeitig wie vorstehend angegeben räumen, so machen wir Sie schon jetzt darauf aufmerksam, dass wir dann gemäß § 546 a BGB – unbeschadet weiterer Rechte – vom 1. August 2007 an, mindestens die Nutzentschädigung in Höhe der vereinbarten oder ortsüblichen Vergleichsmiete verlangen werden.

Eine stillschweigende Verlängerung des Mietverhältnisses nach § 545 BGB lehnen wir ausdrücklich ab.

(Unterschrift Linda und Max Möller)

Sonderfall Werkswohnungen

Für die Kündigung von Mietverhältnissen von Wohnraum, der im Zusammenhang mit dem Bestehen eines Dienstverhältnisses dem Dienstverpflichteten überlassen worden ist, gelten aufgrund der Verknüpfung zwischen Dienstverhältnis und Wohnraummiete besondere Regelungen (§ 576 BGB).

Während der Dauer des Dienstverhältnisses gelten für die ordentliche Kündigung des Mietverhältnisses die eben beschriebenen allgemeinen Regelungen. Darüber hinaus ist zu beachten, dass in derartigen Fällen die Vertragsparteien regelmäßig vereinbart haben, dass die ordentliche Kündigung während der Dauer des Dienstverhältnisses ganz ausgeschlossen ist.

Nach Beendigung des Dienstverhältnisses wird dem Vermieter das Recht zur ordentlichen Kündigung erleichtert:

- Es gelten – auch bei längerer Mietdauer – verkürzte Kündigungsfristen gemäß § 576 BGB von drei Monaten, wenn der Wohnraum für einen anderen Dienstverpflichteten benötigt wird.
- Das Widerspruchsrecht des Mieters (Sozialklausel) ist gemäß § 576 a BGB eingeschränkt.

Im Rahmen der Sozialklausel sind auch die Belange des Dienstberechtigten zu berücksichtigen. Die Sozialklausel findet eingeschränkte Anwendung, wenn die Art der Tätigkeit ein Wohnen in der Nähe des Arbeitsplatzes erforderte, z. B. bei Hausmeistern oder Filialleitern einer Sparkasse und der Nachfolger in gleicher Funktion in die Wohnung einziehen will.

Die Sozialklausel findet dann keine Anwendung, wenn der Mieter selbst das Dienstverhältnis gelöst oder dem Vermieter

ein Verhalten Anlass zur Beendigung des Dienstverhält-
gegeben hat.

Die fristlose Kündigung durch den Vermieter

Das Gesetz gibt beiden Vertragsparteien die Möglichkeit, das Mietverhältnis durch Kündigung sofort und ohne Rücksicht auf die Kündigungsfristen oder einen vertraglich vereinbarten Endzeitpunkt des Mietverhältnisses zu beenden. Die fristlose Kündigung ist dann möglich, wenn Vertragsstörungen von erheblichem Gewicht vorliegen.

Gründe zur fristlosen Kündigung können sein:

- vertragswidriger Gebrauch (§ 543 Abs. 2 Nr. 2 BGB)
- Zahlungsverzug (§ 543 Abs. 2 Nr. 3 BGB)
- Störung des Hausfriedens (§ 569 Abs. 2 BGB).

Fristlose Kündigung bei vertragswidrigem Gebrauch des Mietobjekts

Dem Vermieter steht das Recht zur fristlosen Kündigung nach § 543 Abs. 2 Nr. 2 BGB zu, wenn

- der Mieter die Mietsache vertragswidrig gebraucht,
- der Vermieter den Mieter abgemahnt und auf Einhaltung des Mietvertrages hingewiesen hat,
- der Mieter oder der Dritte, der die Wohnung tatsächlich nutzt, den vertragswidrigen Gebrauch fortgesetzt hat und dieser Gebrauch die Rechte des Vermieters im erheblichen Maße verletzt.

Die unerlaubte Überlassung der Wohnung an einen Dritten, zum Beispiel Untervermietung, ist bereits eine erhebliche Pflichtverletzung (OLG Frankfurt, Rechtsentscheid, DWW 1988, Seite 347).

Eine fristlose Kündigung ist jedoch dann ausgeschlossen, wenn der Mieter einen Anspruch auf die Erlaubnis hat, einen Dritten, einen Untermieter oder Lebensgefährten aufzunehmen (BayObLG, Rechtsentscheid NJW-RR 1991, S. 461).

Nicht jede Untervermietung berechtigt also den Vermieter zur fristlosen Kündigung des Mietverhältnisses.

In folgenden Fällen wurde seitens der Gerichte ein Interesse des Mieters an einer Untervermietung bejaht:

- bei Auflösung einer eheähnlichen Gemeinschaft,
- Angst vor Vereinsamung,
- vorübergehende Aufnahme von Verwandten, um diesen bei der Lösung der familiären Probleme zu helfen,
- wenn ein Mieter in Folge der Auflösung einer Wohngemeinschaft den Mietzins nicht mehr bezahlen kann,
- wenn ein Mieter seine Berufstätigkeit einschränken will und den Untermietzins als Unterhalt benötigt.

Ein weiterer Fall des vertragswidrigen Gebrauchs ist dann gegeben, wenn der Mieter seine Obhutspflicht verletzt und die Pflichtverletzung die Mietsache gefährdet.

Dem Vermieter muss der Eintritt eines erheblichen Schadens drohen. Dies ist dann gegeben, wenn z. B.

- der Mieter länger abwesend ist und die Heizkörper bei Frost abdreht,

- der Mieter mehrmalige Wasserschäden verursacht (AG Wiesbaden, NJW-RR, 1992, 76, 4 Wasserschäden in 4 Jahren),
- Brandgefahren verursacht werden.

Vertragswidriger Gebrauch liegt auch dann vor, wenn Wohnraum zu gewerblichen Zwecken genutzt wird und die gewerbliche Tätigkeit des Mieters die Mitmieter stört.

Beispiele:

- Betrieb einer Anwalts-, Arzt- oder Steuerberaterpraxis in den Wohnräumen,
- Verkauf von Bier und Lebensmitteln,
- Tätigkeit als Tagesmutter, wenn diese Tätigkeit über den üblichen Rahmen einer Nutzung als Wohnung hinausgeht (LG Berlin, NJW-RR 1993, 970).

Erlaubt sind

- schriftstellerische und wissenschaftliche Arbeiten,
- gelegentliche, nicht störende Büroarbeiten,
- nicht störende Heimarbeiten einer Näherin,
- Erteilung von Nachhilfeunterricht.

Die Überbelegung von Wohnraum kann auch zu einer fristlosen Kündigung berechtigen, nämlich dann, wenn eine 54 qm große Wohnung von 2 Erwachsenen und 6 Kindern belegt ist (OLG Karlsruhe, Rechtsentscheid, NJW 1987, Seite 1952).

Abmahnung: Zwingende Voraussetzung vor fristloser Kündigung

In den oben genannten Fällen ist eine fristlose Kündigung des Mietverhältnisses dann möglich, wenn der Vermieter eine Frist zur Abhilfe oder eine Abmahnung ausgesprochen hat und der Mieter trotzdem das vertragswidrige Verhalten fortsetzt. Die Frist zur Abhilfe oder Abmahnung ist dabei eine zwingende Voraussetzung.

Sie muss schriftlich erklärt werden, sie muss wieder allen Mietern zugehen (ebenso wie eine Kündigung), und der vertragswidrige Gebrauch muss so genau wie möglich bezeichnet werden.

▶ MUSTERBRIEF vertragswidriges Verhalten des Vermieters

Sehr geehrte Frau Muster, sehr geehrter Herr Muster,
aufgrund des schriftlichen Mietvertrages vom ... haben Sie die Wohnung im 1. Geschoss des Hauses ... angemietet.
Nunmehr habe ich festgestellt, dass folgende Vertragsverstöße aufgetreten sind:
.... (*Sachverhalt so genau wie möglich darstellen*).
Dieses Verhalten stellt einen vertragswidrigen Gebrauch dar.
Gemäß § 543 BGB kann ich das Mietverhältnis kündigen, wenn Sie Ihren vertragswidrigen Gebrauch fortsetzen.
Wir fordern Sie auf, unverzüglich das vertragswidrige Verhalten einzustellen und sich zukünftig vertragsgetreu zu verhalten.

Sollten Sie weiterhin gegen die vertraglichen Verpflichtungen verstoßen, so drohen wir Ihnen hiermit die fristlose Kündigung an.
Dieses Schreiben stellt die Abmahnung vor Ausspruch der fristlosen Kündigung dar.

Mit freundlichen Grüßen

> ▶ INFO
>
> Wenn Sie als Vermieter zu lange warten, dann verlieren Sie das Recht zur fristlosen Kündigung. Teilweise verlangt die Rechtsprechung, dass der Vermieter die fristlose Kündigung binnen einer Frist von 2 Wochen, nachdem man als Vermieter die Fortsetzung des vertragswidrigen Gebrauchs festgestellt hat, erklären muss.

Sollte sich ein Mieter nach einer Abmahnung auch weiterhin vertragswidrig verhalten, kann das Mietverhältnis fristlos gekündigt werden.

Da die Gründe, die den Vermieter zur fristlosen Kündigung des Mietverhältnisses berechtigen, auch immer einen Grund für eine fristgerechte Kündigung gemäß § 573 Abs. 2 Ziffer 1 BGB darstellen, ist es empfehlenswert, zugleich im Kündigungsschreiben auch vorsorglich die fristgerechte Kündigung aus den gleichen Gründen unter Angabe des entsprechenden Zeitpunktes auszusprechen.

Greift die fristlose Kündigung nicht, weil das Gericht der Auffassung ist, dass die Verstöße zu gering sind, dann kann aber noch die fristgerechte Kündigung greifen.

Natürlich wird das Kündigungsschreiben dann etwas länger ausfallen, denn für die fristgerechte Kündigung müssen Sie den Mieter auch auf sein Widerspruchsrecht hinweisen.

Fristlose Kündigung bei Zahlungsverzug

Wenn der Mieter mit der Entrichtung des Mietzinses in Verzug geraten ist und der Mietrückstand ein gewisses Ausmaß angenommen hat, dann kann der Vermieter das Mietverhältnis fristlos kündigen (§ 543 Abs. 2 Nr. 3 BGB).

Die fristlose Kündigung ist dann möglich,

- wenn der Mieter mit der Miete für zwei aufeinander folgende Monate, ganz oder mit Teilbeträgen, die mehr als eine Monatsmiete betragen, im Rückstand ist (Beispiel: Die Miete August fehlt ganz, die Septembermiete wird nur zu 80 Prozent gezahlt.);
- wenn der Mieter längere Zeit hinweg mit Teilbeträgen im Rückstand ist, die insgesamt zwei Monatsmieten ausmachen (Beispiel: Der Mieter zahlt vier Monate hintereinander nur 50 Prozent der Miete.).

Die Kündigung wegen Nichtzahlung der Miete ist jedoch nur wirksam,

- wenn der Mieter nicht berechtigt ist, die Miete wegen Mängeln der Mietsache zu mindern (Beispiel: Am Beginn des ersten Monats hat der Mieter angezeigt, dass die Heizung ausgefallen ist und nicht funktioniert und dass er aus diesen Gründen die Miete um 50 Prozent mindert);
- wenn er nicht mit Gegenansprüchen aufrechnen kann (z. B. wegen notwendiger selbst erbrachter Installationen).

Eine Kündigung wegen Zahlungsverzuges ist *nicht* möglich wegen:

- Nichtzahlung der Kaution,

- Nichtzahlung der Kosten der gegeneinander geführten Prozesse,
- Schadenersatzansprüche,
- Nichtzahlung des Abrechnungssaldos aus der Neben- und Betriebskostenabrechnung.

Bedingung für fristlose Kündigung: Verzug der Mietzinszahlungen

Der Zeitpunkt der Fälligkeit der Miete für Wohnraum ist gem. § 556 b Abs. 1 BGB auf den Beginn der Mietzeit verlegt worden. Wenn eine monatliche Mietzinszahlung vereinbart ist, dann muss der Mieter den Mietzins bis zum dritten Werktag eines jeden Monats im Voraus entrichten.

Das Aufrechnungs- und Zurückbehaltungsrecht des Mieters ist geregelt und kann nicht mehr vertraglich ausgeschlossen werden. Der Mieter kann gegenüber der Mietzinsforderung mit der ihm zustehenden Forderungen auf Schadens- und Aufwendungsersatz, Ersatz sonstiger Aufwendung oder wegen zuviel gezahlter Miete aufrechnen, wenn er seine Absicht dem Vermieter mindestens einen Monat vor Fälligkeit der Miete angezeigt hat.

Unwirksamkeit der Kündigung wegen Zahlungsverzugs

Die fristlose Kündigung wegen Zahlungsverzuges wird dann unwirksam,

- wenn der Mieter die Miete zahlt oder
- eine öffentliche Stelle (Sozialamt oder Wohngeldstelle) sich zur Befriedigung verpflichtet.

▶ BEISPIEL

Die Miete für April und Mai wurde nicht gezahlt. Der Vermieter kündigt fristlos am 07. Mai und erhebt am 17. Mai die Räumungsklage, die dem Mieter am 05. Juli zugestellt wird. Der Mieter muss bis zum 05. September alle rückständigen Mieten (April bis September) bezahlen oder die Verpflichtungserklärung der öffentlichen Stelle vorlegen, dass die rückständige Miete gezahlt wird.
Danach muss der Vermieter den Rechtsstreit in der Hauptsache für erledigt erklären und beantragen, dem Mieter die Prozesskosten aufzuerlegen.

Die Zahlung oder Erklärung der öffentlichen Stelle muss dann bis zum Ablauf von zwei Monaten nach Zustellung der Räumungsklage beim Vermieter eingegangen sein (§ 569 Abs. 3 Nr. 2 BGB)

Eine Rücknahme der Klage bringt in diesem Fall für Sie als Vermieter nur Kostennachteile. Der Mieter hat allerdings nur einmal innerhalb von 2 Jahren die Möglichkeit, die fristlose Kündigung bei Zahlungsverzug durch Nachzahlung unwirksam werden zu lassen und die Räumungsklage abzuwenden.

▶ INFO

Die Möglichkeit, durch Zahlung die fristlose Kündigung unwirksam zu machen, gilt nicht, wenn der Vermieter gleichzeitig eine fristgemäße Kündigung wegen erheblicher Vertragsverletzung (Begründung: Mietrückstände) ausspricht (§ 573 Abs. 2 Nr. 1 BGB, BGH DWW 2005, Seite 150).

Ein Mieter kann eine wirksame Kündigung auch dadurch unwirksam machen, dass er zulässigerweise mit ihm zustehenden Gegenforderungen aufrechnet.

Diese Regelungen sind für den Wohnraum zwingend, eine anderweitige Regelung ist zum Nachteil des Mieters nicht möglich.

Die Möglichkeit, durch Nachzahlung des Mietzinses eine Kündigung unwirksam werden zu lassen, besteht nur bei Mietverträgen über Wohnraum.

Bei sonstigen Mietverträgen und insbesondere auch Mietverträgen über Geschäftsraum gelten diese Schutzvorschriften zugunsten des Mieters nicht. Wenn dem Mieter von Geschäftsraum die fristlose Kündigung wegen Mietrückständen ausgesprochen wurde, dann bleibt die Kündigung wirksam, und es kann Räumungsklage erhoben werden, auch wenn der Mieter den Mietzins nachzahlt.

Fristlose Kündigung bei Störung des Hausfriedens

Eine fristlose Kündigung des Mietverhältnisses gemäß § 569 Abs. 2 BGB ist auch dann möglich, wenn eine Vertragspartei den Hausfrieden nachhaltig stört. Dieser Kündigungsgrund gilt sowohl für den Vermieter als auch für den Mieter.

Die Vertragsverstöße seitens des Mieters müssen von diesem schuldhaft verursacht worden sein und so gravierend sein, dass dem Vermieter die Fortsetzung des Mietverhältnisses – unter Abwägung der beiderseitigen Interessen – nicht zugemutet werden kann. Obwohl es nach dem Gesetz nicht erforderlich ist, ist es in diesen Fällen immer empfehlenswert, den Mieter wegen der nachhaltigen Störung des Hausfriedens vorher schriftlich abzumahnen. Damit kann man dokumentieren, dass der Mieter seine Vertragspflichten schuldhaft verletzt. Bei besonders gravierenden Verstößen (grobe Beleidigung, Bedrohung von Mitmietern, tätlichen Angriffen, Diebstahl) dürfte eine Abmahnung nicht notwendig sein.

Folgende Gründe berechtigen zur fristlosen Kündigung:
- Störung des Hausfriedens durch Beleidigung, Tätlichkeit gegenüber dem Vermieter oder Mitbewohnern
- häufig vorkommende Ruhestörung zur Abend- oder Nachtzeit sowie an Sonn- und Feiertagen.

Nicht zur fristlosen Kündigung berechtigen:
- gelegentliches kurzes Bellen von Hunden,
- kurzfristige Verunreinigung im Treppenhaus,
- Hämmern und Klopfen des Mieters, der gerade eingezogen ist und seine Wohnung herrichtet.

Fristlose Kündigung aus wichtigem Grund

Das Mietverhältnis kann jederzeit gemäß § 543 Abs. 1 BGB aus wichtigem Grund gekündigt werden. Ein wichtiger Grund liegt vor, wenn die Kündigenden unter Berücksichtigung aller Umstände des Einzelfalls und unter Abwägung der beiderseitigen Interessen die Fortsetzung des Mietverhältnisses bis zum Ablauf der Kündigungsfrist nicht zugemutet werden kann. Diese Generalklausel kann nur bei erheblichen Vertragsverstößen angewandt werden und erfordert bei Verletzung von vertraglichen Verpflichtungen gemäß § 543 Abs. 3 BGB regelmäßig eine schriftliche Abmahnung des Mieters.

Ein derartiger wichtiger Grund ist bei mangelnder Zahlungsmoral des Mieters anzunehmen, wenn er den Mietzins – trotz Abmahnung – fortlaufend unpünktlich zahlt.

Form der fristlosen Kündigung

Hier gelten die gleichen Pflichten wie bei der fristgerechten Kündigung. Sie müssen eine fristlose Kündigung auch begründen. Weiterhin muss auch hier die Fortsetzung des Mietverhältnisses gemäß § 545 BGB abgelehnt werden. Die fristlose Kündigung beendet das Mietverhältnis mit Zugang der fristlosen Kündigung. Der Mieter kann aber auch bei der fristlosen Kündigung eine kurze Frist zur Räumung der Wohnung beanspruchen. Verschiedentlich haben Amtsgerichte entschieden, dass zwischen Zustellung der Kündigung und Zustellung der Räumungsklage mindestens eine **Frist** von einer Woche liegen muss.

▶ INFO

Wird mit der Erklärung der fristlosen Kündigung, insbesondere bei Anwendung der fristlosen Kündigung wegen vertragswidrigem Gebrauch oder Pflichtverletzungen, zu lange gewartet, dann verlieren Sie als Vermieter Ihr Recht zur fristlosen Kündigung.

Gerichte orientieren sich üblicherweise an der Zweiwochenfrist des § 626 BGB. Nach dieser Regelung kann die Kündigung nur innerhalb von 2 Wochen nach Kenntnis von dem Vertragsverstoß oder der Pflichtverletzung erfolgen (§ 626 Abs. 2 BGB).

▶ TIPP

Schnelles Handeln ist daher dringend zu empfehlen.

Besondere Kündigungsfristen

In einigen Fällen gibt es für den Vermieter die Möglichkeit, das Mietverhältnis mit gesetzlicher Frist zu kündigen. Auch Mietverhältnisse, die für längere Zeit als 30 Jahre abgeschlossen wurden, sind gültig. Sie können aber nach Ablauf von 30 Jahren unter Einhaltung der gesetzlichen Kündigungsfrist außerordentlich gekündigt werden.

Bei Wohnraummietverhältnissen kann der Vermieter diese Kündigung aber nur dann erklären, wenn er ein berechtigtes Interesse hat. Wer im Rahmen der Zwangsversteigerung ein Grundstück ersteigert, kann sich auf das außerordentlich befristete Kündigungsrecht des § 57 a Zwangsvollstreckungsgesetz (ZVG) berufen.

Aber auch hier gilt: Der Ersteher und zukünftige Vermieter muss ein berechtigtes Interesse an der Beendigung des Mietverhältnisses gemäß § 573 Abs. 1, 2 BGB haben, und der Mieter kann aufgrund der Sozialklausel widersprechen.

Keine Kündigungsgründe sind:

- Der Tod des Mieters: In den §§ 563 ff. BGB wird geregelt, wer auf Mieterseite in das Mietverhältnis eintritt.
- Der Verkauf des Wohnraumes (§ 566 BGB); hier tritt der Käufer in das Mietverhältnis ein.

Bei dem Grundsatz »Kauf bricht nicht Miete« des § 566 BGB muss allerdings noch Folgendes beachtet werden:

Dieser Grundsatz gilt nur, wenn die Person des Verkäufers, Vermieters und Grundstückeigentümers bzw. Wohnungseigentümers identisch ist. Dies hat unter Umständen erhebliche Konsequenzen, wenn das Grundstück im Eigentum beispielsweise der Ehefrau steht, der Ehemann aber der alleinige Vermieter ist, ohne in Vertretung für seine Ehefrau zu handeln.

Bei einem Verkauf des Grundstücks mit den Mietwohnungen durch die Ehefrau bleibt der Ehemann Vermieter, da in diesem Fall der Übergang gemäß § 566 BGB nicht eintritt. Somit muss dieser eventuell Schadenersatz für den Mieter leisten.

Möglicherweise gilt etwas anderes, wenn die Ehefrau und Eigentümerin der Vermietung durch ihren Ehemann zugestimmt hat. Bisher wurde dies noch nicht eindeutig von der Rechtsprechung geklärt, der Vermieter, der nicht Eigentümer ist, sollte daher sicherheitshalber seine Vertretung klarstellen.

▶ MUSTERBRIEF fristlose Kündigung

Linda und Max Möller
Ahornweg 15
34567 Bergdorf

Eheleute Frey
Ahornweg 15

34567 Bergdorf

15. September 2007

Fristlose Kündigung

Sehr geehrte Frau Frey, sehr geehrter Herr Frey,

hiermit kündigen wir Ihnen das zwischen uns bestehende Mietverhältnis gemäß § 543 Abs. 1 BGB, da Sie den Mietzins für die Monate August und September 2007 nicht bis zum dritten Werktag gezahlt haben.

Wir setzen Ihnen zur Übergabe der Wohnung (nebst Kellerraum) im geräumten Zustand eine Frist bis zum 30. September 2007.

Sollten Sie die Wohnung nicht rechtzeitig räumen, werde ich in der nächsten Zeit unverzüglich Räumungsklage erheben.
Sollten Sie die Wohnung nicht rechtzeitig, wie vorstehend angegeben, räumen, so machen wir Sie schon jetzt darauf

aufmerksam, dass wir dann gemäß § 546 a BGB – unbeschadet weiterer Rechte – vom 01. Oktober 2007 an mindestens die Nutzentschädigung in Höhe der vereinbarten Miete oder der ortsüblichen Vergleichsmiete verlangen werden.
Eine stillschweigende Verlängerung des Mietverhältnisses gemäß § 545 BGB über den Ihnen genannten Räumungstermin lehnen wir ausdrücklich ab.

Mit freundlichen Grüßen

(Unterschriften Linda und Max Möller)

Kündigung durch den Mieter

Nicht nur der Vermieter hat das Recht, in bestimmten Fällen das Mietverhältnis zu kündigen, auch der Mieter hat die Möglichkeit, fristgerechte und außerordentliche Kündigungsgründe geltend zu machen.

Der Mieter kündigt fristgerecht

Der Mieter kann, wenn nicht ein Zeitmietvertrag abgeschlossen wurde oder die Vereinbarung einer Kündigungsausschlussklausel für einen bestimmten Zeitraum erfolgte, jederzeit kündigen und muss lediglich die Kündigungsfrist von 3 Monaten des § 573 c Abs. 1 BGB berücksichtigen.

Sind im Mietvertrag kürzere Kündigungsfristen vereinbart, so ist Folgendes zu beachten:

- Abweichend vom Gesetz vereinbarte Kündigungsfristen sind für den Vermieter ungültig, für den Mieter aber wirksam.
- Auch für den Mieter gilt, dass eine Kündigung nur zu einem Monatsende möglich ist, Kündigungen zum 15. eines Monats sind nicht möglich.
- Die Kündigung eines Mieters muss auch schriftlich erfolgen und von eigener Hand – bei mehreren Mietern von allen Mie-

tern – unterzeichnet sein. Allerdings muss der Mieter seine Kündigung nicht begründen.
- Ist die Kündigung dem Vermieter erst einmal zugegangen, dann kann der Mieter die Kündigung nicht einseitig widerrufen oder sich auf die Sozialklausel berufen.

Zieht der Mieter nach Ablauf der Kündigungsfrist nicht aus, sondern bleibt in der Wohnung, so wird das Mietverhältnis fortgesetzt (§ 545 BGB).

> ▶ TIPP
>
> Wenn der Vermieter also will, dass der Mieter auch tatsächlich auszieht, muss er unverzüglich nach Ablauf der Kündigungsfrist dem Mieter schriftlich gegenüber erklären, dass er eine stillschweigende Verlängerung des Mietverhältnisses ablehnt.
> Diese Erklärung muss der Mieter innerhalb der Zweiwochenfrist nach Ablauf der Mietzeit zugehen.

Die Erhebung einer Räumungsklage bei Gericht nützt nichts, da erfahrungsgemäß die Räumungsklagen erst nach Ablauf der Zweiwochenfrist des § 545 BGB zugestellt werden.

Der Mieter kündigt fristlos

Ein Mieter kann in bestimmten Fällen ohne Einhaltung der zuvor dargestellten Kündigungsfristen bzw. vor Ablauf der im Mietvertrag vereinbarten Mietzeit das Mietverhältnis kündigen.

Kündigungsgründe bei Pflichtverletzung des Vermieters (§ 543 Abs. 1 BGB)

Diese Kündigung steht dem Mieter zu, wenn

- andere Mitmieter den Hausfrieden erheblich stören und der Vermieter gegen die störenden Mieter nicht vorgeht,
- der Vermieter den Hausfrieden durch ständiges Feiern stört,
- der Vermieter Wohnungen im Wohnhaus an Mieter zur Ausübung der Prostitution vermietet.

Kündigung wegen Nichtgewährung des Gebrauchs (§ 543 Abs. 2 Nr. 1 BGB)

Dieses Kündigungsrecht steht dem Mieter zu, wenn ihm der vertragsgemäße Gebrauch der Mietsache ganz oder zum Teil nicht rechtzeitig gewährt oder wieder entzogen wird.

In folgenden Beispielen ist eine Kündigung berechtigt:

- Der Vermieter übergibt das Mietobjekt zu Beginn der vereinbarten Mietzeit nicht rechtzeitig.
- Der Vermieter wechselt das Schloss zur Wohnungs- oder Geschäftseingangstür aus.
- Die Wohnung ist mit Ungeziefer befallen.
- Durch Bauarbeiten am Mietobjekt ist dem Mieter der Zugang zur Wohnung nicht möglich.
- Ausfall der Heizung oder ungenügende Beheizung.

Der Mieter kann dieses Kündigungsrecht in einigen Fällen nur ausüben, wenn der Mieter dem Vermieter eine angemessene

Frist zur Beseitigung des Mangels gesetzt hat und der Vermieter die Frist verstreichen ließ, ohne Abhilfe zu schaffen.

Es gibt keine Pauschalregel, wie lange eine angemessene Frist ist. Bei dem Ausfall der Heizung an Tagen mit tiefsten Frosttemperaturen kann sich eine angemessene Frist auf allenfalls ein oder zwei Tage belaufen, bei nicht so dringenden Mängeln können es durchaus zwei bis drei Wochen sein.

Gesundheitsgefährdung (§ 569 Abs. 1 BGB)

Das Recht zur fristlosen Kündigung des Mieters besteht auch dann, wenn die Mieträume in einem gesundheitsgefährdenden Zustand sind. Dieses Kündigungsrecht kann der Mieter ausüben, wenn die Räume in ihrem gegenwärtigen Zustand eine erhebliche Gesundheitsgefahr für alle Bewohner oder Benutzer oder einzelne Gruppen unter ihnen, beispielsweise Kinder oder alte Menschen, oder für einzelne Personen – z. B. Allergie- und Rheumakranke – darstellen.

▶ TIPP

Dieses Recht des Mieters besteht auch, wenn der Vermieter den gesundheitsgefährdenden Zustand der Mieträume nicht verschuldet hat.

Hat der Mieter jedoch selbst den gesundheitsgefährdenden Zustand der Mieträume verschuldet, weil er beispielsweise einen Teppichboden mit einer hohen Formaldehydkonzentration gelegt hat, so kann sich der Mieter natürlich nicht auf dieses Recht berufen.

Sonderkündigungsrechte des Mieters

In verschiedenen Fällen kann der Mieter mit der gesetzlichen Frist von drei Monaten zum Ende eines Kalendermonats kündigen, auch wenn ein Zeitmietvertrag abgeschlossen wurde oder für eine bestimmte Zeit auf das Kündigungsrecht verzichtet wurde.

Kündigung bei verweigerter Untermieterlaubnis

Wenn der Vermieter seine Erlaubnis verweigert, die gemieteten Räume ganz oder teilweise unterzuvermieten, so kann der Mieter das Mietverhältnis mit der dreimonatigen Frist kündigen. Dies wird häufig bei Zeitmietverträgen genutzt, um vorzeitig das Mietverhältnis zu kündigen (§ 540 Abs. 1 BGB).

▶ TIPP

Als Vermieter sollte man mit der Verweigerung der Untermieterlaubnis vorsichtig sein, wenn man an der Fortsetzung des Mietverhältnisses mit dem betreffenden Mieter interessiert ist. Man sollte zunächst überlegen und nicht vorschnell die Erlaubnis zur Untervermietung verweigern.

Tod des Mieters: Die Erben treten in den Vertrag ein

Entgegen allgemeiner Auffassung endet ein Mietvertrag auch beim Tod eines allein stehenden Mieters nicht, der Mietvertrag ist von den Erben weiterhin zu erfüllen, wenn er nicht vom Vermieter oder den Erben gekündigt wird (§ 564 BGB).

Dieses Kündigungsrecht haben die Erben aber nur, wenn nicht anderen Personen (Familienangehörige, Haushaltsangehörige oder Lebenspartner) aufgrund deren eigener Rechte in das Mietverhältnis eintreten.

In diesem Fall kann der Mietvertrag immer mit der gesetzlichen Kündigungsfrist von drei Monaten zum Ende eines Monats gekündigt werden, aber nur innerhalb eines Monats seit Kenntnis vom Tod des Mieters. Die Kündigung aufgrund der Sonderregelung des § 564 BGB muss also geschehen, sobald der Vermieter oder die Erben des Mieters vom Tod des Mieters und vom Bestehen des Mietvertrages Kenntnis erhalten haben. Es kommt nicht darauf an, ob die Erben die Erbschaft angenommen haben, das Gesetz stellt allein auf den Zeitpunkt der Kenntnis vom Tod des Mieters und des Mietvertrages ab.

Tod des Mieters: Die Familienangehörigen treten in den Vertrag ein

Gemäß § 563 BGB tritt bei einem Mietverhältnis der Ehegatte, der mit dem Mieter im gemeinsamen Hausstand lebte, mit dem Tod des Mieters in das Mietverhältnis ein.

Dies gilt auch für einen oder mehrere Familienangehörige,

die mit dem Verstorbenen einen gemeinsamen Hausstand führen.

Es kann daher sein, dass beim Tod des Mieters mehrere Personen im Hausstand leben (beispielsweise Ehemann und die beiden volljährigen Töchter), so dass in diesem Fall dann das Mietverhältnis mit den Töchtern gemeinsam fortgeführt wird, weil der Ehemann nicht in das Mietverhältnis eintritt.

Der berechtigte Familienangehörige hat allerdings die Möglichkeit, binnen eines Monats, nachdem er von dem Tod des Mieters Kenntnis erlangt hat, dem Vermieter gegenüber zu erklären, dass er das Mietverhältnis nicht fortsetzen will. Dann werden die Erben die Mieter.

▶ INFO

Der Vermieter muss allerdings nicht jeden Familienangehörigen als Mieter akzeptieren. Gemäß § 563 Abs. 4 BGB kann der Vermieter das Mietverhältnis unter Einhaltung der gesetzlichen Frist kündigen, wenn in der Person des Ehegatten oder Familienangehörigen, der in das Mietverhältnis eingetreten ist, ein wichtiger Grund für die Ablehnung vorliegt. Diese Kündigung kann der Vermieter aber nur innerhalb eines Monats nach Eintritt des Dritten in das Mietverhältnis aussprechen.

Wenn mehrere Personen das Mietverhältnis über den Wohnraum gemeinsam abgeschlossen haben und den gemeinsamen Haushalt führten, dann wird gemäß § 563 a BGB das Mietverhältnis mit dem überlebenden Mieter allein fortgesetzt. Dieser kann aber innerhalb eines Monats kündigen.

Eintrittsrecht des Lebenspartners
In § 563 Abs. 1 BGB ist geregelt, dass auch ein Lebenspartner – und damit auch ein gleichgeschlechtlicher Lebenspartner – in das Mietverhältnis eintreten kann.

Voraussetzung ist, dass zwischen den Partnern eine Lebensgemeinschaft besteht, die auf Dauer angelegt ist und keine weiteren Bindungen gleicher Art zulässt und über eine reine Wohn- und Wirtschaftsgemeinschaft hinausgeht. Eingetragene Lebenspartner im Sinne des »Lebenspartnerschaftsgesetzes« sind auf jeden Fall davon erfasst.

Kündigung bei Modernisierung

Der Vermieter hat das Recht, eine Wohnungsmodernisierung auch gegen den Willen des Mieters durchzuführen. Voraussetzung ist, dass es sich um bestimmte, im Gesetz benannte Maßnahmen (siehe dazu auch Mieterhöhung bei Modernisierung Seite 95 f.) handelt. Der Vermieter muss dem Mieter drei Monate vor Beginn der Maßnahme deren Art, Umfang und voraus-

▶ BEISPIEL

Der Vermieter teilt dem Mieter am 16. März mit, dass die Wohnung ab Mai umgebaut werden soll. Der Mieter kann bis zum 30. April die Wohnung zum 31. Mai kündigen. Kündigt der Mieter, so muss der Vermieter mit der Durchführung der Modernisierungsmaßnahme bis zum Auszug des Mieters warten.

sichtliche Dauer sowie die zu erwartende Mieterhöhung schriftlich mitteilen (§ 554 BGB). Der Mieter ist dann berechtigt, bis zum Ablauf des Monats, der auf den Zugang der Mitteilung folgt, für den Ablauf des nächsten Monats zu kündigen.

Kündigung bei Mieterhöhung – der Mieter kann leicht aus dem Vertrag

Die Möglichkeit zur Erhöhung der Miete wird auf Seite 68ff. erläutert.

Der Mieter hat das Recht, bei Mieterhöhung ohne Rücksicht auf die Befristung eines Mietverhältnisses zu kündigen. Bei einer Mieterhöhung wegen Modernisierung oder Anpassung an die ortsübliche Miete kann der Mieter nach § 561 BGB kündigen.

Er muss bis zum Ablauf des zweiten Monats nach Zugang der Erklärung des Vermieters das Mietverhältnis zum Ablauf des übernächsten Monats kündigen (d. h. mit einer Frist von drei Monaten).

▶ BEISPIEL

Die Mieterhöhungserklärung geht am 14. Juni zu, der Mieter kann bis zum 31. Oktober kündigen.

Nachmieter/Ersatzmieter: Mietnachfolgeklauseln regeln viel

Aufgrund der Mietrechtsreform wird es zu Auseinandersetzungen um Nachmieter zukünftig vielleicht nicht mehr so oft kommen, denn der Mieter hat ja gemäß § 573 c BGB das Recht, das Mietverhältnis auch ohne Gründe mit einer Frist von drei Monaten zu kündigen. Lediglich der Vermieter hat noch die verlängerte Kündigungsfrist um jeweils drei Monate nach acht und zehn Jahren. Da für die Mieter die zum Teil langen Kündigungsfristen von neun bzw. zwölf Monaten nicht mehr gelten, ist davon auszugehen, dass die Auseinandersetzungen um einen Nachmieter seltener geführt werden.

Eine zum Nachteil des Mieters abweichende Vereinbarung ist unwirksam. Das heißt, dass die Kündigungsfrist des Mieters nicht verändert werden kann. Trotzdem kann sich in Einzelfällen das Problem des Nachmieters noch stellen, bei einem Zeitmietvertrag gem. § 575 BGB oder wenn beide Parteien bis zu einem bestimmten Zeitpunkt auf eine ordentliche Kündigung des Mietverhältnisses (Vereinbarung einer Kündigungsausschlussklausel) verzichtet haben.

Entgegen der allgemeinen Ansicht hat kein Mieter Anspruch darauf, aus einem Mietverhältnis vorzeitig entlassen zu werden, wenn er dem Vermieter mindestens drei Nachmieter benennt. Dafür gibt es keine gesetzliche Grundlage.

Wenn ein Mieter vor Ablauf der Kündigungsfrist oder vor Ablauf der vertraglich vereinbarten Mietzeit aus dem Mietobjekt auszieht, hat der Vermieter weiterhin den Anspruch auf Zahlung

> ▶ TIPP
>
> Zieht ein Mieter ohne Rücksicht auf den weiter bestehenden Mietvertrag aus und zahlt keine Miete mehr, so kann der Vermieter grundsätzlich die Differenz zwischen dem mit dem ausgezogenen Mieter vereinbarten Mietzins und dem niedrigen Mietzins, zu dem er weitervermietet hat, verlangen, weil der Mieter eine grobe Vertragsverletzung begangen hat (BGH NJW 1993, S. 1645).

der restlichen Miete bis zum Ende der Mietzeit. Ein Vermieter ist aufgrund des Gesetzes nicht verpflichtet, den Mieter vorzeitig aus dem Mietverhältnis zu entlassen oder sich um eine Weitervermietung des Mietobjektes zu kümmern (OLG Hamm, WM 1995, S. 577 f.).

Die vorzeitige Entlassung aus einem Mietverhältnis stellt eine Vertragsänderung des ursprünglichen Mietvertrages dar. Diese Vertragsänderung kommt nur dann zustande, wenn beide Parteien übereinstimmend feststellen, dass das Mietverhältnis – mit oder ohne Nachmieter – vorzeitig endet.

Vereinbaren Vermieter und Mieter die Beendigung des Mietverhältnisses zu einem bestimmten Zeitpunkt und wird weiter vereinbart, dass der Mieter einen Ersatzmieter beschaffen kann, so ergibt sich daraus der Anspruch des Mieters, bei Benennung eines zumutbaren Ersatzmieters aus dem Mietverhältnis entlassen zu werden.

Der Vermieter ist verpflichtet, einen erneuten Mietvertrag mit einem solchen Ersatzmieter abzuschließen, der den zwischen Vermieter und Mieter abgeschlossenen Vertrag und die

Vertragsbedingungen vorbehaltlos akzeptiert. Gegen dessen Person kann der Vermieter dann keine Einwendungen erheben.

Im Mietvertrag kann eine Mietnachfolgeklausel vereinbart sein. Auch dann hat der Mieter einen vertraglichen Anspruch auf vorzeitige Vertragsbeendigung. Hierbei muss zwischen den echten und unechten Nachfolgeklauseln unterschieden werden.

Eine Ersatzmietervereinbarung, die den Mieter nicht nur das vorzeitige Ausscheiden aus dem Mietverhältnis ermöglicht, sondern ihm einen Anspruch gewährt, einen Nachmieter zu stellen, ist eine so genannte echte Nachmieterklausel.

Bei dieser Klausel ist der Vermieter an den vom Mieter benannten Nachfolger gebunden. Bei der echten Nachmieterklausel kann der Vermieter den Nachmieter nur ablehnen, wenn er hierfür konkret zwingende Gründe geltend macht. Liegen keine Einwendungen gegen den Nachmieter vor, so ist der Vermieter im Grunde verpflichtet, das Mietverhältnis zu den bisherigen Bedingungen mit dem Ersatzmieter fortzusetzen oder mit dem Nachmieter einen Mietvertrag ohne erschwerende Bedingungen abzuschließen.

Eine Vereinbarung, die dem Mieter nur das vorzeitige Ausscheiden aus dem Mietvertrag ermöglicht und ihm nicht das Recht gibt, einen Nachmieter zu stellen, ist eine unechte Nachmieterklausel. Sie ist dann anzunehmen, wenn vereinbart wurde, dass der Mieter die Berechtigung hat, den Mietvertrag vorzeitig mit der gesetzlichen Frist von 3 Monaten zu kündigen, wenn er dem Vermieter mindestens 3 wirtschaftlich und persönlich zuverlässige und – soweit erforderlich – zum Bezug der Wohnung berechtigte Nachmieter vorschlägt, die bereit sind, in den Mietvertrag für den Rest der Mietdauer einzutreten (OLG Frankfurt NJW-RR 1992, 143).

> ▶ TIPP
>
> Dem Vermieter steht sodann ein Auswahlrecht unter den benannten Nachmietern zu. Er braucht sich jedoch nicht auf einen bestimmten Interessenten festlegen.

Diese unechte Nachmieterklausel muss eindeutig vereinbart werden, diese Beschränkungen müssen sich ausdrücklich aus dem Wortlaut der Klausel ergeben.

Im Zweifel werden die Gerichte eher zur Anwendung der echten Nachmieterklausel kommen.

Das »schutzwürdige Interesse« des Mieters

Was ist jedoch, wenn der Mietvertrag keine Nachmieterklausel enthält und der Mieter vorzeitig aus dem Mietvertrag ausscheiden möchte? Es gilt zunächst einmal der Grundsatz der vertraglichen Bindung. Die Rechtsprechung lässt aber nach den Grundsätzen von Treu und Glauben gemäß § 242 BGB Ausnahmen zu. Dies hat aber zur Folge, dass ein Vermieter verpflichtet ist, den Mieter vorzeitig aus dem Mietvertrag zu entlassen, wenn ein Ersatzmieter beigebracht wird.

Nach dem Rechtsentscheid des OLG Karlsruhe (NJW 1981, S. 1741) muss der Mieter erst einmal ein schutzwürdiges Interesse an der vorzeitigen Vertragsauflösung haben. Beispiele für ein schutzwürdiges Interesse des Mieters sind:

- eine schwere Erkrankung,
- eine nicht vorhergesehene Versetzung aus beruflichen Gründen (LG Hamburg DWW 1988, 85),
- eine erhebliche Vergrößerung/Verkleinerung der Familie (OLG Karlsruhe, NJW 1981,S. 1741),
- Wunsch des Mieters, zusammen mit einem Lebensgefährten in eine andere Wohnung zu ziehen (AG Wiesbaden WM 88, 400, umstritten).

Keine schutzwürdigen Interessen des Mieters sind:
- der Wunsch des Mieters, sein inzwischen fertiggestelltes Wohnhaus zu beziehen (OLG Karlsruhe NJW 1981, S. 1741),
- eine nur noch kurze Restlaufzeit des Mietvertrags von 3 Monaten (OLG Oldenburg WUM 1982, 124).

Auch ein Vermieter ist berechtigt, die Einhaltung einer angemessenen Kündigungsfrist von drei Monaten zu verlangen, bevor der Mieter aus dem Mietverhältnis entlassen wird.

Die Person des Nachmieters

Der Nachmieter muss für den Vermieter auch von seiner Person her akzeptabel sein. Ein Vermieter kann einen Nachmieter nur aus wichtigen Gründen ablehnen. Eine schematische Darstellung der Frage, wann ein Nachmieter zumutbar ist oder nicht, kann nicht gegeben werden. Folgende Einzelfälle sind dazu bisher gerichtlich entschieden worden:
- Der Vermieter muss nicht an eine allein stehende Person mit

unsicherem Einkommen vermieten, wenn er bisher an eine Familie mit regelmäßigem Einkommen vermietet hatte.
- Für ein Einzimmerappartement muss ein Vermieter kein Ehepaar als Nachfolger akzeptieren.
- Nichteheliche Lebensgemeinschaften in Mieträumen einer katholischen Kirchengemeinde müssen nicht akzeptiert werden (LG Aachen NJW 1992, 2897).

Keine Ablehnungsgründe sind:
- ausländische Staatsangehörigkeit;
- ein unverheiratetes Ehepaar bei Vermietung einer Wohnung in einem großen Block, wenn der Vermieter nicht im selben Haus wohnt (OLG Hamm, NJW 1983, 1564);
- Wohngemeinschaft als Nachmieter, wenn bisher schon an eine Wohngemeinschaft vermietet wurde.

Dies sind nur einige Beispiele, eine abschließende Aufzählung ist nicht möglich. Allgemeine Befürchtungen, Vermutungen und Unsicherheiten eines Vermieters berechtigen ihn nicht zur Ablehnung.

Kein Vermieter kann trotz der genannten Gründe gezwungen werden, mit einem rechtlich zumutbaren Ersatzmieter einen Vertrag zu schließen. Der Vermieter bleibt zwar in seiner Entscheidung frei, mit wem er einen Vertrag abschließen will. Lehnt er den Vertragsabschluss trotz eines geeigneten zumutbaren Ersatzmieters aber ab, dann verliert er die weiteren Ansprüche auf Mietzins gegen den bisherigen Mieter.

Kommt im Übrigen kein Mietvertrag mit einem Nachmieter zustande, und der Vermieter fordert von dem Mieter weiterhin die

▶ INFO

Hat ein Vermieter den Nachmieter akzeptiert, trägt er fortan das Risiko, wenn der Nachmieter nicht zahlungsfähig ist.

Zahlung des Mietzinses, so ist es in einem Rechtsstreit Sache des Mieters, darzulegen und zu beweisen, dass er einen geeigneten Nachmieter gestellt hat, aber der Vermieter von vornherein die Vermietung an einen Ersatzmieter abgelehnt hat.

Pflichten des Vermieters und Rechte des Mieters

Der Vermieter ist nicht nur verpflichtet, dem Mieter die Mietsache zu übergeben, sondern er muss diese in einem »mangelfreien Zustand« übergeben und sie bis zur Beendigung des Mietverhältnisses in diesem Zustand erhalten (§ 535 ff. BGB).

Das Gesetz sieht als Mangel drei Fallgruppen an, nämlich

- Sachmangel, z. B. Beschädigungen;
- Rechtsmangel: Dieser ist gegeben, wenn der Mieter von einem Nichteigentümer mietet und dann der Eigentümer von dem Mieter die Herausgabe des Mietobjektes aufgrund seines Eigentumsrechtes beansprucht;
- Fehlen zugesicherter Eigenschaften.

Was ist ein Sachmangel?

Ein Mangel (Fehler der Mietsache) ist nach der Rechtsprechung jede für den Mieter nachteilige Abweichung des tatsächlichen Zustandes (Ist-Zustand) von dem vertraglich geschuldeten Zustand (Sollzustand; BGH WM 1990, Seite 546). Dazu folgende Beispiele:

- Ist ein Haus zu Wohnzwecken vermietet und kann in der Wohnung nicht gewohnt werden, weil ein behördliches

Benutzungsverbot ausgesprochen wurde, liegt ein Fehler vor.

- Wurde im Mietvertrag vereinbart, dass die Wohnung alten- oder behindertengerecht ausgestattet ist, beispielsweise im Badezimmer, und es fehlt die entsprechende Ausstattung, weil nur ein normales Badezimmer vorhanden ist, dann liegt auch ein Fehler vor.
- Baulärm vom Nachbargrundstück ist ein Fehler.
- Unzureichender Wärme- und Schallschutz ist ein Fehler.

> ▶ TIPP
>
> Bei der Beachtung des Wärme- und Schallschutzes ist der Vermieter lediglich verpflichtet, die zum Zeitpunkt der Errichtung des Gebäudes bestehenden technischen Vorschriften zu beachten.

Zu diesem Grundsatz gibt es aber auch Ausnahmen: Ist die Wohnung infolge der Feuchtigkeit so mangelhaft, dass sie unbewohnbar ist, stellt dies aus Sicht der Gerichte dennoch einen Mangel dar.

> ▶ INFO
>
> Es kommt auch nicht darauf an, dass der Vermieter das Entstehen eines Fehlers verschuldet hat. Jedes Mal, wenn ein Fehler auftritt, hat der Mieter die Möglichkeit, wegen eines Mangels seine Rechte geltend zu machen.

Minderung der Miete wegen eines Mangels

Der Mieter hat bei Vorliegen eines Mangels die Möglichkeit, den Mietzins zu mindern. Wenn die Mängel gravierend sind und die Wohnung unbewohnbar ist, dann ist der Mieter nicht zur Mietzinszahlung verpflichtet (siehe Checkliste »Mietminderung«, Seite 190 ff.).

> ▶ INFO
>
> Die Minderung des Mietzinses tritt nach dem Gesetz automatisch in Kraft, deswegen ist der Mieter auch nicht verpflichtet, dem Vermieter eine Frist zur Mängelbeseitigung einzuräumen. Jedoch muss der Mieter dem Vermieter die Mängel anzeigen, sonst ist das Minderungsrecht ausgeschlossen (§ 536 c Abs. 2 BGB).

Ein Minderungsrecht des Mieters besteht *nicht*, wenn die Tauglichkeit des Mietobjektes *unerheblich* beeinträchtigt ist. Dazu folgende Beispiele:

- fehlende Beleuchtung im Kellergang, wenn der Kellergang durch natürliches Licht ausgeleuchtet ist;
- übliche Neubaufeuchtigkeit, diese kann der Mieter durch lüften beseitigen;
- normale Wohngeräusche, beispielsweise Schritte von Kindern in der Wohnung darüber;
- Einwurf von Glasflaschen in einen Müllschlucker;
- defektes Tor in einer Sammelgarage;
- Verkleinerung des Badewannenvolumens durch Einbau einer neuen Wanne.

Weiterhin kann der Mieter den Mietzins nicht mindern, wenn er den Mangel ausschließlich oder überwiegend durch sein schuldhaftes Verhalten verursacht hat.

Hier beginnen zahlreiche Probleme, denn es ist ja höchst strittig, ob ein Mangel dem Mieter oder Vermieter zuzurechnen ist. Dieses Problem stellt sich insbesondere bei Feuchtigkeitsschäden, die in einer Mietwohnung auftreten.

Eine Verantwortlichkeit des Mieters ist dann anzunehmen, wenn

- der Mieter unzureichend lüftet,
- der Mieter zu wenig heizt,
- der Mieter die Möbel in einer Art und Weise aufgestellt hat, die sich auf die Durchlüftung nachteilig auswirken.

Im Einzelfall muss dann durch ein Sachverständigengutachten festgestellt werden, ob die in einer Wohnung auftretenden Feuchtigkeitsschäden auf das Wohnverhalten des Mieters zurückzuführen sind oder nicht.

Die Befugnis des Mieters, den Mietzins zu mindern, endet dann, wenn der Mangel beseitigt ist. Zieht der Mieter vor Beendigung des Mietverhältnisses aus, so ist er weiterhin berechtigt, den Mietzins bis zum Ende der Mietzeit zu mindern, auch wenn er das Mietobjekt nicht mehr nutzt.

Eine rückwirkende Minderung des Mietzinses ist ausgeschlossen. Ausnahmsweise wird eine Rückwirkung des Minderungsrechtes angenommen, wenn der Mieter wegen des Mangels den Mietzins unter Vorbehalt gezahlt hat.

Der Mieter verlangt Schadenersatz

Der Mieter kann Ersatz aller Schäden verlangen, den er durch den Mangel erlitten hat (§ 536 a BGB). Diese Verpflichtung zum Schadenersatz entsteht ohne Rücksicht auf ein Verschulden des Vermieters dann, wenn die Mängel schon bei Abschluss des Mietvertrages aufgetreten sind. Den Vermieter trifft also eine Garantiehaftung, dabei mussten die Mängel noch nicht bekannt gewesen sein.

Entsteht ein Mangel nach Abschluss des Mietvertrages bis zu seiner Beendigung, dann haftet der Vermieter für die dadurch entstandenen Schäden dann, wenn er mit der Mängelbeseitigung in Verzug ist.

Außerdem haftet der Vermieter dem Mieter, wenn er den Mangel verschuldet hat.

Der Mieter verlangt Beseitigung des Mangels

Neben dem Anspruch auf Minderung und Schadenersatz hat der Mieter auch das Recht, vom Vermieter die Beseitigung des Mangels zu verlangen.

So kann er z. B. verlangen, dass ein Feuchtigkeitsschaden beseitigt wird, und dann auch, dass der gesamte Raum, in dem der Feuchtigkeitsschaden aufgetreten ist, neu tapeziert wird.

Hat der Mieter dem Vermieter eine Frist zur Beseitigung des Mangels gesetzt und ist diese Frist abgelaufen (Verzug), so kann der Mieter den Mangel selbst beseitigen und vom Vermieter Ersatz der erforderlichen Aufwendungen verlangen (§ 536 a Abs. 2 BGB).

Der Mieter hat das Recht, vom Vermieter die Zahlung eines angemessenen Vorschusses zur Selbstbeseitigung des Mangels zu verlangen, muss dann allerdings über den Vorschuss nach der Mängelbeseitigung Rechenschaft ablegen.

> ▶ INFO
>
> In gravierenden Fällen steht dem Mieter sogar das Recht zur fristlosen Kündigung zu (§ 543 BGB).

Dem Mietobjekt fehlt die vertraglich zugesicherte Eigenschaft

Für vertraglich zugesicherte Eigenschaften der Mietsache muss der Vermieter einstehen, auch dann, wenn durch das Fehlen dieser Eigenschaft die Nutzung des Mietobjektes nicht beeinträchtigt ist. Als Vermieter muss man daher vorsichtig sein, in Bezug auf das Mietobjekt bestimmte Garantien oder Zusicherungen zu geben.

Beispielsweise ist die Zusicherung einer bestimmten Größe von Gewerberäumen oder der Wohnung eine vertraglich zugesicherte Eigenschaft. Wenn die tatsächliche Größe um mehr als 10 Prozent hinter der vereinbarten Größe zurückbleibt, ist ein Mangel gegeben, und der Mieter ist zur Minderung berechtigt (BGH NZM 2004, Seite 453).

Nicht jede Größenangabe in einem Mietvertrag stellt aber

die Zusicherung einer bestimmten Wohnungsgröße dar. Wenn die Größenangabe mit dem Zusatz »ca.« für circa versehen ist, dann stellt diese Angabe schon eine Zusicherung dar (BGH NZM 2004, Seite 453).

Einzelne Mietminderungen, die ein Mieter geltend machen kann

Die nachfolgend aufgeführten Mietminderungsquoten sind von Gerichten anerkannt worden. Im Streitfall ist die Beurteilung der Mietminderung aber Auslegungssache des Richters.

▶ CHECKLISTE

Mietminderungen bis 10 Prozent

Der Briefkasten fehlt	3 %
Die Treppenhaustür ist nicht abschließbar	5 %
Der Küchenherd defekt	5 %
Entziehung der Nutzung von Waschküche und Trockenraum	10 %
Der Keller fehlt, statt dessen wird nur ein Abstellraum überlassen	10 %
Ein Teil der Räume einer Wohnung ist hellhörig	10 %
Die Fensterläden werden entfernt	10 %
Lärm von einer Musikgruppe im Nachbarhaus	10 %
Ungezieferbefall	10 %
Die Aussicht wird durch eine hohe Mauer beeinträchtigt	10 %

▶ CHECKLISTE

Mietminderungen bis 10 Prozent (Fortsetzung)

- Im Zuge der Reparatur wurde ein Teil der Badezimmerfliesen durch andersfarbige Fliesen ersetzt wird, so dass ein optischer Mangel entstand 10 %
- Der Hauswart beleidigt und bedroht die Mieter durch unflätige Beschimpfungen 10 %
- Schimmelbefall in mehreren Räumen in Folge übermäßiger Feuchtigkeit 10 %
- Kinderlärm im Hof, wenn der Vermieter das Spielen gestattet 10 %

Mietminderungen zwischen 10 Prozent und 50 Prozent

- Wohnflächenabweichung um mehr als 10 Prozent: Höhe der Minderung entsprechend der prozentualen Flächenabweichung
- Fehlende Wohnungstür 15 %
- Belästigung eines Mieters durch streunende Katzen, die vom Nachbarn angelockt und gefüttert werden 15 %
- Durchschnittstemperatur im Wohnzimmer unter 20° C 15 %
- Störungen durch Tanzschule 20 %
- Feuchtigkeit in der Wohnung 20 %
- Auftreten von Silberfischen 20 %
- Zimmertemperatur von 16 bis höchstens 18 Grad 20 %

▶ CHECKLISTE

Mietminderungen zwischen 10 Prozent und 50 Prozent (Fortsetzung)

- Lärmbeeinträchtigung durch Mitmieter 20 %
- Ausfall der Heizungsanlage an mehreren Tagen 25 %
- Feuchtigkeit mit Schimmelbildung, so dass das Schlafzimmer gar nicht mehr und die übrigen Räume nur eingeschränkt nutzbar sind 25 %
- Baulärm in einem Neubauviertel, der den Rahmen des Üblichen übersteigt 25 %
- Unbenutzbarkeit des Wohnzimmers in Folge eines Wasserschadens 30 %
- Im Badezimmer tritt Abwasser aus wegen eines Abflussstaus 30 %
- Unbenutzbarkeit des Wohnzimmers wegen Einsturzgefahr der Zimmerdecke 30 %
- Erhebliche Störungen der Nachtruhe durch Lärmbelästigung einer Diskothek 30 %
- Häufiger Ausfall der Wohnungsheizung während eines längeren Zeitraums 50 %
- Wohnzimmer ist wegen eindringenden Wassers unbenutzbar, Einlagerung der Möbel erforderlich 50 %
- Undichtigkeit aller Fenster einer Wohnung und damit verbundene Feuchtigkeit und Kälte 50 %

CHECKLISTE

Mietminderungen zwischen 50 Prozent und 100 Prozent

- Minderung bei Überschwemmungsschaden am Teppichboden, durch den die Wohnqualität wegen Durchfeuchtung, Versandung und Gestank für die Dauer von 2 bis 3 Wochen beeinträchtigt wird 80 %
- Das Haus befindet sich ein einem Zustand, in dem man es auf dem freien Wohnungsmarkt nicht vermieten kann, z. B. mangelhafte Beheizbarkeit eines Teils der Räume, andere Räume sind unbeheizbar, Löcher in der Zimmerdecke 100 %
- Totaler Heizungsausfall von September bis Februar 100 %
- Unbewohnbarkeit der Wohnung wegen Umbaus und Umgestaltung 100 %
- Die Garage ist unbenutzbar, da die Garageneinfahrt nicht benutzt werden kann; die Garagenmietminderung beträgt 100 %

Schönheitsreparaturen und Schadenersatz

Bereits in dem Kapitel »Der Mietvertrag« haben wir darauf hingewiesen, dass nach § 535 Abs. 1 BGB der Vermieter verpflichtet ist, die Schönheitsreparaturen durchzuführen und zu bezahlen, die während und am Ende der Mietzeit anfallen.

Zugleich wurde auch darauf hingewiesen, dass man die Verpflichtung zur Durchführung von Schönheitsreparaturen dem Mieter auferlegen kann; Voraussetzung ist natürlich, dass eine wirksame Vereinbarung im Mietvertrag vorgesehen wurde (siehe Seite 51).

Wichtig ist insbesondere, dass man die durchzuführenden Schönheitsreparaturen im Mietvertrag genau bezeichnet und dass man auch den entsprechenden Fristenplan vereinbart.

Formulierungen im Mietvertrag, die für Schönheitsreparaturen davon sprechen, dass die Wohnung »bezugsfertig« oder »in einem ordnungsgemäßen Zustand« vom Mieter zu halten sei, sind zu ungenau und verpflichtet den Mieter nicht zur Durchführung von Schönheitsreparaturen.

Wann sind Schönheitsreparaturen fällig?

Wann ein Mieter zur Durchführung der Schönheitsreparaturen verpflichtet ist, hängt von den Umständen des Einzelfalles ab.

Wenn im Mietvertrag ein Fristenplan vereinbart wurde, dann ist dieser auch nur ein Anhaltspunkt für die Verpflichtung zur Durchführung der Schönheitsreparaturen. Die allgemeine Lebenserfahrung hat gezeigt, dass nach dem Ablauf gewisser Fristen die Renovierung der Mieträume erforderlich ist.

Gleichwohl machen verschiedene Gerichte die Verpflichtung zur Durchführung von Schönheitsreparaturen trotz eines Fristenplanes auch davon abhängig, ob die Wohnung innerhalb dieses Zeitraumes abgenutzt wurde. Regelmäßig kann man aber davon ausgehen, dass man nach Ablauf der Fristen den

Anspruch auf Durchführung der Schönheitsreparaturen durchsetzen kann.

Wie setzen Sie als Vermieter den Anspruch auf Schönheitsreparaturen durch?

Während der Dauer des Mietverhältnisses

Ist die Verpflichtung zur Durchführung im Mietvertrag dem Mieter wirksam auferlegt worden, so muss der Mieter diese Arbeiten durchführen, denn es handelt sich dabei um eine Hauptpflicht des Mieters aus dem Mietverhältnis.

Führt der Mieter diese Arbeiten nicht durch, kann man als Vermieter nicht einfach Schönheitsreparaturen selbst durchführen und dem Mieter die Kosten auferlegen.

Zunächst einmal muss der Mieter zur Vornahme der Schönheitsreparaturen aufgefordert werden. Weigert sich der Mieter, diese Arbeiten durchzuführen, dann muss dem Mieter nochmals eine Frist zur Durchführung der Schönheitsreparaturen gesetzt werden.

Die Frist darf nicht zu kurz bemessen werden, denn dem Mieter muss ja auch die Möglichkeit gegeben werden, einen Handwerker zu beauftragen. Daher ist eine Frist von vier Wochen angemessen.

In dem Schreiben muss dem Mieter auch genau mitgeteilt werden, welche Arbeiten er auszuführen hat. Dabei sind die einzelnen Räume sowie die darin auszuführenden Arbeiten genau zu bezeichnen.

Sollte der Mieter die Schönheitsreparaturen nicht vornehmen, kann der Mieter auf Durchführung der Schönheitsreparaturen verklagt werden. Nach einer solchen Verurteilung des Mieters gibt es dann die weitere Möglichkeit, diese Maßnahme auf Kosten des Mieters durchzusetzen und zuvor von ihm einen Vorschuss zu verlangen.

▶ MUSTERBRIEF **Schönheitsreparaturen**

Sehr geehrter...

aufgrund der Regelung in § ... des Mietvertrages sind Sie verpflichtet, Schönheitsreparaturen in den von Ihnen angemieteten Räumen durchzuführen. Die Wohnungsbesichtigung hat ergeben, dass die Durchführung der Schönheitsreparaturen notwendig ist.

Folgende Arbeiten sind durchzuführen:
1. Wohnzimmer:
Tapezieren der Wände, Streichen der Decke, Streichen der Heizkörper sowie der Sockelleisten.

2. Schlafzimmer:
...

Zur Durchführung der Schönheitsreparaturen setzen wir Ihnen eine Frist bis zum (vier Wochen nach Datierung des Schreibens).

Sollten die Schönheitsreparaturen nicht fristgemäß ausgeführt werden, so werden wir nach Ablauf der Frist auf Erfüllung der Verpflichtung klagen und den Anspruch durchsetzen.

Mit freundlichen Grüßen

Nach Beendigung des Mietverhältnisses

Spätestens, wenn das Mietverhältnis beendet wurde und der Mieter die Wohnung übergeben hat, stellt sich der Umfang der notwendigen Renovierungsarbeiten heraus.

Wenn im Mietvertrag die Übernahme der Schönheitsreparaturen vereinbart wurde und die Wohnung renovierungsbedürftig ist, dann muss der Mieter diese Arbeiten spätestens jetzt ausführen.

Wurde beispielsweise ein Zimmer erst ein Jahr vor Beendigung des Mietvertrages renoviert und befindet es sich in einem guten Zustand, dann kann man nicht schon wieder eine Schönheitsreparatur, sondern nur eine anteilsmäßige Vergütungszahlung verlangen, wenn dies vereinbart wurde.

Vielfach wird aber festgestellt werden, dass die Wohnung insgesamt renovierungsbedürftig ist. Nunmehr muss der Vermieter dem Mieter zur Durchführung der Arbeiten eine Frist setzen, sonst verliert er seine Ansprüche auf Schadensersatz.

▶ TIPP

Diese Fristsetzung muss mit einer Ablehnungsandrohung verbunden werden (§ 281 BGB). Das bedeutet: Der Vermieter muss ausdrücklich mitteilen, dass die Schönheitsreparatur dann auf Kosten des Mieters durchgeführt wird, wenn der Mieter diese nicht innerhalb der gesetzten Frist selbst durchführt.

Diese Fristsetzung mit Ablehnungsandrohung ist auf jeden Fall erforderlich, auch dann, wenn der Mieter anlässlich der Wohnungsbesichtigung ausführt, dass er die Schönheitsreparaturen nicht machen wolle und ohne Hinterlassung der neuen Anschrift verschwindet.

In diesem Fall muss der Vermieter versuchen, die neue Anschrift beim Einwohnermeldeamt oder bei der Post zu ermitteln.

▶ TIPP

Die Rechtsprechung macht zwar von dem Erfordernis der Fristsetzung mit Ablehnungsandrohung Gebrauch, nämlich dann, wenn der Mieter »ernsthaft und eindeutig« die Durchführung der Schönheitsreparaturen ablehnt. Sie als Vermieter sollten sich aber sicherheitshalber nicht darauf verlassen, dass in Ihrem Fall eine derartige Ausnahme gegeben ist. Die Fristsetzung und Ablehnungsandrohung ist daher bei Auszug des Mieters dringendst zu empfehlen.

Wenn der Mieter auf die Fristsetzung die Schönheitsreparaturen nicht vorgenommen hat, dann kann ein Handwerker mit der Durchführung dieser Arbeiten beauftragt werden, und der Vermieter kann den ihm entstandenen Schaden geltend machen.

▶ MUSTERBRIEF **Schönheitsreparaturen**

Sehr geehrter...

die Wohnungsbesichtigung anlässlich der Übergabe hat ergeben, dass in Ihrer Wohnung folgende Schönheitsreparaturen notwendig sind:

1. Schlafzimmer:
Streichen der Raufasertapete, Streichen der Decke, Streichen der Sockelleisten, Streichen der Heizkörper nebst Rohren sowie Lackieren der Tür.

2. Flur:
Vollständig Tapezieren, Streichen der Sockelleisten sowie der Tür.

...

Für die Durchführung der Arbeiten setzen wir Ihnen eine Frist von 3 Wochen, nämlich bis zum .... Bis zu diesem Zeitpunkt haben Sie die eben genannten Arbeiten durchzuführen.
Nach Ablauf der Frist lehnen wir die Durchführung der Schönheitsreparaturen durch Sie ab und werden diese auf Ihre Kosten durchführen und die uns entstandenen Kosten Ihnen gegenüber als Schadenersatz geltend machen.

Weiterhin werden wir ein Gutachten über den Zustand der Wohnung einholen und auch diese Kosten Ihnen gegenüber geltend machen. Zur Durchführung der Schönheitsreparaturen können jederzeit die Schlüssel bei uns abgeholt werden.

Mit freundlichen Grüßen

Wie ein Schadenersatzanspruch gegen den Mieter geltend gemacht wird

Der Schaden besteht aus

- den Kosten für die Durchführung der Reparaturen,
- dem Mietausfall, den der Vermieter dadurch erleidet, dass er wegen der Nichtdurchführung der Schönheitsreparaturen die Wohnung nicht sofort weitervermieten konnte (Voraussetzung: Er hatte sofort einen Anschlussmieter);
- den Kosten eines eventuellen Sachverständigengutachtens.

Der Vermieter ist verpflichtet, den ihm entstandenen Schaden so gering wie möglich zu halten. Das heißt, er muss die entsprechende Frist setzen und unverzüglich nach deren Ablauf die Wohnung renovieren lassen. Auch muss er sich sofort um eine Weitervermietung bemühen. Für den Schadenersatzanspruch muss der Vermieter beweisen, dass die Durchführung der Schönheitsreparaturen notwendig war. Mittel für diesen Beweis sind Zeugenaussagen, ein privates Sachverständigengutachten oder ein gerichtliches Beweissicherungsverfahren.

Zeugenaussagen

Die Zeugenaussagen sind aber ein unsicherer Beweis, denn welcher Zeuge kann sich noch daran erinnern, wie die Tapete im Schlafzimmer oder die Sockelleisten im Flur aussahen.

Privates Sachverständigengutachten

Bei den Handwerkskammern kann man die vom Gericht benannten Sachverständigen, die beweiskräftige Gutachten erstellen, erfragen. Allerdings handelt es sich dabei um private

Gutachten, das heißt, der Sachverständige tritt in einem Prozess wie ein Zeuge auf. Jedoch sind die Sachverständigen erfahren genug, die notwendigen Feststellungen für einen Rechtsstreit zu treffen.

> **TIPP**
>
> Wenn schon ein Zeuge zur Besichtigung mitgenommen wird, dann sollte es sich um einen sachkundigen – z. B. einen Maler – handeln, der auch genau Protokoll über den Zustand der Wohnung und der erforderlichen Arbeiten führt. Anhand dieses Protokolls kann der Zeuge dann in einem Gerichtstermin seine Aussagen machen. Notwendig sind auch Fotos von dem Zustand der Räume. Dabei ist natürlich darauf zu achten, dass diese den Zustand der Wohnung bzw. die Mängel deutlich zeigen und nicht unscharf sind.

Gerichtliches Beweissicherungsverfahren

Möglich ist auch die Durchführung eines gerichtlichen Beweissicherungsverfahrens; damit ist der volle Beweis über den Zustand der Wohnung allein nach Vorlage des Sachverständigengutachtens geführt. Der Antrag wird bei dem für die Mietwohnung zuständigen Amtsgericht gestellt. Allerdings führt die Einleitung eines gerichtlichen Beweissicherungsverfahrens oft zu Verzögerungen, da das Gericht den Mieter zunächst zu dem Antrag anhören muss und dann erst einen Beschluss fasst, in dem ein Sachverständiger hinzugezogen wird. Als Vermieter müssen Sie damit rechnen, dass die Kosten für das gerichtliche Beweissicherungsverfahren nicht als erstattungsfähig angesehen werden, wenn die Begutachtung durch einen Sachverständigen keinen Erfolg verspricht.

Wie setzen Sie die Zahlung für Schönheitsreparaturen durch?

Wenn nach Beendigung des Mietverhältnisses die Forderung des Vermieters feststeht, gibt es zwei Möglichkeiten: Sofern eine Kaution vereinbart wurde, kann der Vermieter den ihm entstandenen Schaden mit dem Kautionsrückzahlungsanspruchs des Mieters aufrechnen und entsprechendes Geld zurückbehalten.

> ▶ TIPP
>
> Können noch weitere Ansprüche entstehen – nämlich auf Zahlung aus der Betriebs- und Heizkostenabrechnung –, dann ist es unter Umständen nicht sinnvoll, gleich mit dem Kautionsrückzahlungsanspruch aufzurechnen.

Andernfalls müssen Sie auf Zahlung der Kosten vor dem Amtsgericht klagen.

Wie Sie mit Sachbeschädigungen durch den Mieter umgehen

Nach Beendigung des Mietverhältnisses kann der Vermieter neben den Ansprüchen auf Durchführung von Schönheitsreparaturen natürlich noch weitere Ansprüche haben. So kommt es durchaus vor, dass in der zurückgegebenen Wohnung Beschädigungen festgestellt worden sind, beispielsweise

- das Türblatt ist eingetreten,

- der Spülkasten ist abgerissen,
- die Küchenarmaturen wurden entfernt.

Bei derartigen Schäden handelt es sich nicht um Schäden, die begrifflich unter die »Schönheitsreparaturen« zuzuordnen sind. Hier wurde das Eigentum des Vermieters beschädigt. Auch diese Schäden muss der Mieter ersetzen. Da bei einzelnen Schäden eine Abgrenzung zwischen Schönheitsreparatur und Sachschaden nicht möglich sein wird, ist es auch in diesen Fällen sinnvoll, vor der Durchführung der Schadensbeseitigung dem Mieter unter Fristsetzung mit Ablehnungsandrohung zur Beseitigung der im Einzelnen genannten Schäden aufzufordern.

Für Schadenersatzansprüche gilt der Grundsatz: »Abzug neu für alt«.

Am folgenden Beispiel soll dies verdeutlicht werden: Als Vermieter hat man nur den Anspruch, dass der entstandene Schaden beseitigt wird. Ist eine Zimmertür z. B. zehn Jahre alt, so kann man auch nur die Wiederherstellung der alten Zimmertür verlangen. Ist die Zimmertür nicht mehr reparabel, sondern muss vollständig erneuert werden, dann muss der Vermieter sich den nunmehr entstehenden Wertvorteil – statt einer gebrauchten Zimmertür erhält er nun eine nagelneue Zimmertür mit einer langen Lebensdauer – in Abzug bringen lassen, das heißt, er kann nur die anteiligen Kosten verlangen.

Hat eine Zimmertür zum Beispiel eine übliche Nutzungsdauer von 25 Jahren, so erhält der Mieter nach einer abgelaufenen Nutzungszeit von 10 Jahren von den ihm entstandenen Kosten für die Erneuerung der Tür in Höhe von 250,00 € nur 150,00 €.

Die restlichen 100,00 € muss er sich als »Abzug neu für alt« abrechnen lassen.

Beachten Sie die Verjährungsfristen

Kurze Verjährungsfrist für die Vermieteransprüche

Der Vermieter kann seine Ansprüche gegen den Mieter nicht erst nach fünf oder sechs Jahren geltend machen, denn alle Ansprüche des Vermieters unterliegen der Verjährung.

Verjährung bedeutet, dass nach Ablauf der Verjährungsfrist der Mieter nicht mehr verpflichtet ist, den Anspruch des Vermieters auf Zahlung zu erfüllen und der Vermieter diese Ansprüche auch nicht mehr bei Gericht durchsetzen kann.

Im Mietrecht muss unbedingt darauf geachtet werden, dass eine kurze Verjährungsfrist für bestimmte Ansprüche gilt.

▶ INFO

Die Ansprüche des Vermieters auf Durchführung von Schönheitsreparaturen und Schadensersatz unterliegen der kurzen Verjährungsfrist von 6 Monaten (§ 548 BGB). Diese Verjährungsfrist beginnt nicht mit der Beendigung des tatsächlichen Mietverhältnisses, sondern im Zeitpunkt der tatsächlichen Beendigung des Mietverhältnisses, nämlich bereits bei Übergabe der Mieträume durch den Mieter (BGH NZM 2005, Seite 178).

Eine Rückgabe der Mietsache setzt nicht nur voraus, dass der Vermieter in der Lage ist, sich ungehindert ein Bild über den Zustand des Mietobjektes zu machen; es muss auch eine Veränderung der Besitzlage eintreten, damit von einer Rückgabe im Sinne des § 548 Abs. 1 BGB gesprochen werden kann.

▶ TIPP

Es ist also erforderlich, dass der Vermieter aufgrund eigener Sachherrschaft »freien Zutritt« zu der Mietsache hat und dass er somit in die Lage versetzt wird, sich »ungestört« ein Bild von dem Zustand der Mietsache zu machen.

Wenn der Mieter die Schönheitsreparaturen in der Wohnung noch durchführt und der Vermieter die Wohnung besichtigt, dann stellt dies nach der Rechtsprechung noch keine Rückgabe der Mietsache dar. Die Verjährungsfrist beginnt dann noch nicht zu laufen.

▶ TIPP

Die Auffassung der Amtsgerichte zu diesem Punkt ist aber uneinheitlich. Deswegen sollte man nie bis zur letzten Minute warten und schon den ersten Termin, an dem die Wohnung besichtigt werden kann, als Beginn der Sechsmonatsfrist notieren.

In vielen Fällen geschieht es, dass der Mieter einfach die Schlüssel in den Briefkasten des Vermieters wirft – auch schon vor Ablauf der tatsächlichen Mietzeit –, ohne dass eine gemeinsame Besichtigung oder förmliche Übergabe stattfindet. In diesem Fall beginnt die Verjährungsfrist an dem Tag, an dem der Schlüssel im Briefkasten gefunden wird.

Damit ist dem Vermieter die Rückgabe angezeigt, und er allein hat das ausschließliche Besitzrecht.

Folgende Ansprüche des Vermieters fallen unter die sechsmonatige Verjährungsfrist:

- Schadenersatz wegen Veränderungen oder Verschlechterung der überlassenen Mieträume, z. B. zerrissene Tapeten;
- Ansprüche wegen nicht vollständiger Erfüllung der Rückgabepflicht, z. B. Schlüssel;
- Ansprüche auf Wiederherstellung des früheren Zustandes, nachdem der Mieter eine von ihm in die Mietsache eingebrachte Einrichtung weggenommen hat;
- Schadenersatz wegen vertragswidriger Wegnahme einer Einrichtung, z. B. der Badewanne;
- Schadenersatz wegen nicht durchgeführter Schönheitsreparaturen;
- damit zusammenhängende Kosten für Gutachten der Schadensfeststellung;
- Mietausfallschaden, weil das Mietobjekt nicht sofort weitervermietet werden konnte;
- nicht nur Schäden an den Mieträumen selbst, sondern auch Schäden im Treppenhaus und auf dem Hof;
- Wasserschäden, die in einer darunter liegenden Wohnung entstanden sind.

Aus den eben ausgeführten Beispielen ist zu erkennen, dass der Anwendungsbereich des § 548 BGB sehr weit ist und fast jeden Anspruch des Vermieters gegen den Mieter erfasst – Ausnahmen sind nur der rückständige Mietzins und die Nebenkosten.

Ansprüche des Vermieters auf rückständige Mietzahlungen

Rückständige Mieten verjähren nach drei Jahren, dies gilt auch für Nebenkostenforderungen, egal ob Vorauszahlung oder Pauschale (§ 195 BGB).

Die Nutzungsentschädigung wegen nicht rechtzeitiger Rückgabe der Mieträume nach fristloser Kündigung verjährt in drei Jahren (BGH Z 68, Seite 307).

Bei einer Heizkostennachforderung beginnt die Verjährungsfrist des Vermieters zu laufen, wenn dem Mieter die Abrechnung über die Heizkosten zugeht (BGH Z 113, Seite 188). Dies gilt auch für die sonstigen Betriebskosten.

In diesem Zusammenhang wird noch einmal darauf verwiesen, dass die Abrechnung gemäß § 556 Abs. 3 BGB dem Mieter spätestens bis zum Ablauf des zwölften Monats nach Ende des Abrechnungszeitraumes zugegangen sein muss, sonst kann der Vermieter Nachforderungen aus der Betriebskostenabrechnung nicht mehr geltend machen.

▶ TIPP

Ansprüche gegen den Mieter sollten unverzüglich geltend gemacht werden.
Übrigens: Auch der Mieter kann innerhalb der Verjährungsfrist von sechs Monaten Ansprüche an den Vermieter geltend machen!

Es kommt zum Prozess

Für Wohnraum und Geschäftsräume

Sämtliche Rechtsstreitigkeiten, wie Wohnräumungs- und Zahlungsklagen, sind bei dem Amtsgericht zu führen, in dessen Bezirk sich die *Wohnräume* befinden (§ 29 Abs. 1 Zivilprozessordnung). Diese Vorschrift ist zwingend, abweichende Regelungen, auch bei hohem Streitwert, können nicht vereinbart werden.

Bei *Geschäftsräumen* ist das Amtsgericht nur dann zuständig, wenn die Forderung oder die vereinbarte Jahresnettomiete bis 5000,00 € beträgt. Bei einem Streitwert ab 5000,01 € ist das Landgericht zuständig. Örtlich sind die Gerichte für den Ort zuständig, in denen sich die Geschäftsräume befinden.

Parteien des Mietprozesses

Im Mietprozess sind die Vermieter bzw. Mieter die »Parteien«. Insbesondere bei Räumungsklagen und Klagen auf Zustimmung zur Mieterhöhung muss unbedingt darauf geachtet werden, dass

- *alle* Vermieter auch die Klage auf Räumung und Zustimmung erheben,
- auch *alle* Mieter auf Herausgabe des Mietobjektes verklagt werden.

Bei Räumungsklagen ist es auch empfehlenswert, zugleich einen eventuellen Untermieter/Nutzer auf Herausgabe des Wohnraumes mit zu verklagen. Sonst kann das Räumungsurteil nur gegen den Mieter vollstreckt werden. Wenn der Untermieter/Nutzer mit seinen persönlichen Gegenständen aber in der Wohnung verbleibt, erhält man mit einer Räumungsklage gegen den Hauptmieter noch nicht den Alleinbesitz an der Wohnung. In diesem Fall müsste der Untermieter zuerst zur Räumung aufgefordert werden. Verweigert er diese, dann muss das gleiche Verfahren noch einmal begonnen werden.

Welche Klagearten stehen zur Verfügung?

Es werden folgende vier verschiedene Arten der Klage unterschieden: Zahlungsklage, Räumungsklage, Feststellungsklage durch den Mieter und Duldungsklage.

Zahlungsklage

Wenn man gegen den Mieter Ansprüche auf Zahlung des rückständigen Mietzinses oder die rückständige Nachzahlung aus der Nebenkostenabrechnung geltend machen will, kann man entweder eine Zahlungsklage bei Gericht einreichen oder einen Mahnbescheid beantragen.

Die Rechtsantragsstellen der Amtsgerichte sind Ihnen bei der Formulierung behilflich.

Klage im Urkundenprozess

Gemäß § 592 Satz 1 der Zivilprozessordnung (ZPO) kann ein Anspruch auf Zahlung einer Geldsumme im Urkundenprozess geltend gemacht werden, wenn sämtliche zur Begründung des Anspruchs erforderlichen Tatsachen durch Urkunden bewiesen werden können. Erhebt der Prozessgegner Einwendungen gegen die Klageforderung, muss er die zugrunde liegenden Tatsachen, soweit sie streitig sind, durch Urkunden oder durch Parteivernehmung beweisen. Gelingt ihm dies nicht, ist der Klage zunächst stattzugeben, dem Beklagten ist aber das Recht vorbehalten, in einem so genannten Nachverfahren mit allen sonstigen Beweismitteln nachzuweisen, dass seine Einwendungen berechtigt sind.

Nunmehr hat der BGH (NZM 2005 Seite 661) entschieden, dass der Vermieter von Wohnraum auch das Recht hat, einen vorläufigen Titel gegen den Mieter zu erlangen und unter Vorlage des Mietvertrages die rückständige Miete im Urkundenprozess geltend zu machen. Der Urkundenprozess hat zur Folge, dass der Mieter, der die von ihm geltend gemachten Mängel regelmäßig nicht durch die im Urkundenprozess zugelassenen Beweismittel nachweisen kann und zunächst durch das Vorbehaltsurteil zur Zahlung der Miete verurteilt wird. Erst im Nachverfahren kann über das Vorliegen von Mängeln und eine daraus sich ergebende Mietminderung entschieden werden. Diese Nachteile sind vom Mieter hinzunehmen.

Klage auf rückständigen Mietzins kann im Urkundenprozess geltend gemacht werden.

Räumungsklage

Wenn das Mietverhältnis ordnungsgemäß gekündigt wurde und der Mieter die Wohnung nicht fristgerecht geräumt hat oder ausdrücklich erklärt hat, dass er keinesfalls ausziehen werde, dann ist beim Amtsgericht Klage auf Räumung zu erheben. Erst wenn das Räumungsurteil vorliegt, steht fest, dass der Mieter zum Auszug verpflichtet ist. Die Vollstreckung von Urteilen und insbesondere auch von Räumungsurteilen geschieht ausschließlich über die Gerichtsvollzieher.

Wer aufgrund eines Räumungsurteils einen Mieter selbständig ohne Mitwirkung des Gerichtsvollziehers aus der Wohnung setzt, begeht eine Nötigung und einen Hausfriedensbruch. Die Durchsetzung von Ansprüchen des Vermieters gegen den Mieter kann also lediglich mit gerichtlicher Hilfe erfolgen.

Es dürfen insbesondere nicht die Schlösser ausgewechselt werden oder Strom/Gas bzw. Wasser abgestellt werden. Derartige Maßnahmen berechtigen den Mieter sogar, mittels einer einstweiligen Verfügung gegen den Vermieter »den Normalzustand« wiederherstellen zu lassen. Abgesehen von den möglichen strafrechtlichen Folgen kommen auf den Vermieter weitere Konsequenzen zu.

Bei Nichtzahlung von Miete und Nebenkosten gibt es nur die Möglichkeit der Klage, wenn die Voraussetzungen für die Kündigung vorliegen. Dann kann gekündigt werden, und es muss Räumungsklage erhoben werden.

Feststellungsklage durch den Mieter

Aufgrund einer Kündigung kann im Übrigen auch ein Mieter Klage gegen den Vermieter erheben und zwar mit dem Ziel, feststellen zu lassen, dass die vom Vermieter ausgesprochenen Kündigung unwirksam ist. Der Mieter kann also nach einer Kündigung selbst tätig werden, bevor der Vermieter die Räumungsklage erhebt. Der Antrag des Mieters geht dann dahin, das Fortbestehen des Mietverhältnisses festzustellen.

Duldungsklage

Dabei handelt es sich um eine Klage, bei der der Mieter zur Duldung einer bestimmten Maßnahme verurteilt wird. Ein typisches Beispiel ist die Klage auf Duldung von Modernisierungsmaßnahmen gegenüber den Mietern. Wenn eine Modernisierung form- und fristgerecht angekündigt wurde, dann ist der Mieter verpflichtet, die Durchführung der Maßnahme zu dulden, es sei denn, er kündigt (§ 554 BGB).

Verweigert der Mieter den Handwerkern den Zutritt zu seiner Wohnung, dann können diese oder der Vermieter nicht im Wege der Selbsthilfe das Zutrittsrecht erzwingen. Der Mieter muss daher auf Duldung der entsprechenden Modernisierungsmaßnahme verklagt werden. Zugleich sollte der Mieter auch auf Feststellung verklagt werden, dass er verpflichtet ist, sich den aus der Weigerung ergebenden Schaden des Vermieters zu ersetzen.

Anhang

Wichtige Adressen

Haus & Grund Deutschland – Zentralverband der Deutschen Haus-, Wohnungs- und Grundeigentümer e.V.
Mohrenstraße 33
10117 Berlin
Tel. (0 30) 20 21 60

Haus & Grund Baden
Lessingstraße 10
76135 Karlsruhe
Tel. (0721) 8 31 28 10
Fax (07 21) 8 31 28 12

Haus & Grund Bayern
Herzog-Wilhelm-Straße 10/IV
80331 München
Tel. (0 89) 5 51 41-5 10
Fax (0 89) 5 51 41-5 52

Haus & Grund Berlin
Bund der Berliner Haus- und Grundbesitzervereine e.V.
Potsdamer Straße 143
10783 Berlin
Tel. (0 30) 2 16 34 36
Fax (0 30) 2 16 98 23

Haus & Grund Brandenburg
Voltaireweg 12
14469 Potsdam
Tel. (03 31) 2 70 21 23
Fax (03 31) 2 70 21 24

Haus & Grund Bremen
Am Dobben 3
28203 Bremen
Tel. (04 21) 3 68 04-0
Fax (04 21) 3 68 04-88

Grundeigentümer-Verband Hamburg von 1832 e.V.
Glockengießerwall 19
20095 Hamburg
Tel. (0 40) 3 09 67 20
Fax (0 40) 32 13 97

Haus & Grund Nordrhein und Westfalen
Elisabethstraße 4
44139 Dortmund
Tel. (02 31) 9 58 30
Fax (02 31) 95 83 95

Landesverbände

Haus & Grund Hessen
Niedenau 61-63
60325 Frankfurt am Main
Tel. (0 69) 72 94 58
Fax (0 69) 17 26 35

Haus & Grund Mecklenburg-Vorpommern
Mecklenburgstraße 64
19053 Schwerin
Tel. (03 85) 5 77 74 10
Fax (03 85) 5 77 74 11

Haus & Grund Niedersachsen
Schützenstraße 24
30853 Langenhagen
Tel. (05 11) 97 32 97-0
Fax (05 11)973297-32

Haus & Grund Oldenburg
Staulinie 16/17
26122 Oldenburg
Tel. (04 41) 1 41 16
Fax (04 41) 9 25 08 01

Haus & Grund Ostwestfalen-Lippe
Alter Markt 11
33602 Bielefeld
Tel. (05 21) 9 64 30-0
Fax (05 21) 9 64 30-23

Haus & Grund Rheinland
Lütticher Straße 1-3
50674 Köln
Tel. (02 11) 52 86 70
Fax (02 11) 25 29 67

Haus & Grund Rheinland-Pfalz
Kaiserstraße 9
55116 Mainz
Tel. (0 61 31) 61 97 20
Fax (0 61 31) 61 98 68

Haus & Grund Ruhr
Postfach 10 16 42
45016 Essen
Tel. (02 01) 23 47 05
Fax (02 01) 23 58 55

Haus & Grund Saarland
Bismarckstraße 52
66121 Saarbrücken
Tel. (06 81) 6 68 37-0
Fax (06 81) 6 80 35

Haus & Grund Sachsen
Fetscherstraße 29
01037 Dresden
Tel. (03 51) 5 63 79 07
Fax (03 51) 5 63 79 09

Haus & Grund Sachsen-Anhalt
Steinigstraße 7
39108 Magdeburg
Tel. (03 91) 7 31 68 32
Fax (03 91) 7 31 68 33

Haus & Grund Schleswig-Holstein
Sophienblatt 3
24103 Kiel
Tel. (04 31) 66 36-110
Fax (04 31) 66 36-188

Haus & Grund Thüringen
Schwarzburger Chaussee 4
07407 Rudolstadt
Tel. (0 36 72) 42 89-0
Fax (0 36 72) 42 89-19

Haus & Grund Westfalen
Dahlenkampstraße 5
58095 Hagen
Tel. (0 23 31) 2 90 96
Fax (0 23 31) 182606

Haus & Grund Württemberg
Werastraße 1
70182 Stuttgart
Tel. (07 11) 2 37 65 10
Fax (07 11) 2 37 65 88

Abkürzungen

Abs.	Absatz
AG	Amtsgericht
Az.	Aktenzeichen
BayObLG	Bayerisches Oberstes Landesgericht
BGB	Bürgerlichen Gesetzbuch
BGH	Bundesgerichtshof
BGHZ	Amtliche Sammlung der Entscheidungen des Bundesgerichtshofs
BetrkV	Betriebskostenverordnung
BVerfG	Bundesverfassungsgericht
II. BV	II. Berechnungsverordnung
DWW	Deutsche Wohnungswirtschaft (Zeitschrift)
GbR	Gesellschaft bürgerlichen Rechts, auch BGB-Gesellschaft genannt
LG	Landgericht
LPartG	Lebenspartnerschaftsgesetz
NJW	Neue Juristische Wochenschrift
NJW-RR	Neue Juristische Wochenschrift-Rechtsprechungsreport (Zeitschrift)
NZM	Neue Zeitschrift für Mietrecht
OLG	Oberlandesgericht
WM	Wertpapiermitteilungen (Zeitschrift)
WuM	Wohnungswirtschaft und Mietrecht (Zeitschrift)
ZPO	Zivilprozessordnung
ZVG	Zwangsvollstreckungsgesetz

Register